Bernhard Waldenfels

Grundmotive einer Phänomenologie des Fremden

Suhrkamp

Bibliografische Information der Deutschen Nationalbibliothek
Die Deutsche Nationalbibliothek verzeichnet diese Publikation
in der Deutschen Nationalbibliografie;
detaillierte bibliografische Daten sind im Internet
über http://dnb.d-nb.de abrufbar.

6. Auflage 2018

Erste Auflage 2006
Satz: Libro, Kriftel
Printed in Germany
Umschlag: Werner Zegarzewski
ISBN 978-3-518-58460-6

Inhalt

Vorwort:
Facetten des Fremden

Würde man das Fremde als ein Spezialthema behandeln, so hätte man es von vornherein verfehlt. Man würde von einem Bereich des Vertrauten und Bekannten ausgehen, und wenn alles gutgeht, würde man ebendorthin zurückkehren. Man würde durch die Erfahrung des Fremden verändert, vielleicht auch geläutert, doch am Ende hätte die ursprüngliche Vertrautheit gesiegt. Sie hätte sich lediglich erweitert oder vertieft. Davon abgesehen ist das Fremde nicht ungefährlich, es droht uns von uns selbst zu entfremden. So kommt es zu wiederholten Abwehrmaßnahmen, Rettungsversuchen und Aneignungsbemühungen. Doch bliebe es dabei, so würden die Position eines Subjekts, das bei sich zu Hause ist, und die Bastionen einer Ordnung, die Ungeordnetes von sich abscheidet, nicht von innen her erschüttert. Fremdes kann uns neugierig machen, es kann uns zu eigenen Erfindungen anregen, es kann uns über uns selbst aufklären – all dies wäre zugestanden. Doch sobald das Fremde in das Arkanum der Freiheit und in das der Vernunft vordringt, herrscht Chaosalarm. Freiheit und Vernunft greifen zu den Waffen. Wären sie nicht wehrhaft, so würden sie sich selbst aufgeben. Fremdheit schlägt schließlich um in Feindschaft, die sich als um so unerbittlicher erweist, je mehr jede Partei das Recht auf ihrer Seite zu haben glaubt. Man ist auf der Hut, man rückt zusammen. In das Netz einer Erfahrung, die von Eigenem ausgeht und im Gemeinsamen Halt sucht, sind Sicherungen eingebaut. Fremdes, von dem man annimmt, daß es lediglich von außen kommt, muß sich ausweisen wie ein Eindringling. Es wird einer Bewertung und Beurteilung unterworfen. Ihm wird eine alltägliche, moralische, politische, religiöse, kulturelle und auch gedankliche Quarantäne zugemutet.

Nehmen wir das Fremde dagegen als etwas, das nicht dingfest zu machen ist, nehmen wir es als etwas, das uns heimsucht, indem es uns beunruhigt, verlockt, erschreckt, indem es unsere Erwartungen übersteigt und sich unserem Zugriff entzieht, so bedeutet dies, daß die Erfahrung *des* Fremden immer wieder auf unsere eigene Erfahrung zurückschlägt und in ein *Fremdwerden der Erfahrung* übergeht. Fremdheit ist selbstbezüglich, und sie ist ansteckend. Ihre Wirkung geht jeder Thematisierung voraus. Eine Phänomenologie des Fremden, die schon Husserl mit zahlreichen Sprengbegriffen wie Fremderfahrung, Fremdich, Fremdleib oder Fremdwelt versehen hat, nimmt in toto die Züge einer Fremdheitslehre an, wenn man mit der Radikalität der Fremderfahrung Ernst macht und sich nicht mit Substituten wie Fremdkonstitution, Fremdverstehen oder praktische Anerkennung des Fremden begnügt. Altvertraute Probleme gewinnen neue Konturen, wenn die Schatten des Fremden auf sie fallen. Eine Phänomenologie, die sich den Anforderungen einer Xenologie stellt, findet Verbündete unter jenen, die sich von Marcel Mauss, von Georg Simmel, von Walter Benjamin, von Ludwig Wittgenstein oder von Michail Bachtin inspirieren lassen, ganz zu schweigen von der besonderen Nähe zu Autoren wie Kafka, Musil, Celan, Valéry oder Calvino. Doch in den Künsten herrscht ohnehin eine andere Zeitrechnung. Das künstlerische Sensorium hat keine Schranken der Selbstgewißheit oder des Prinzipiellen zu überwinden, wenn es darum geht, sich auf Fremdes einzulassen.

Vorliegende Schrift ist weit entfernt davon, das gewaltige Problemfeld des Fremden zu durchmessen. Sie verzeichnet lediglich einige Grundmotive, durch die der Autor zur Ausbildung einer Phänomenologie des Fremden angeregt wurde, seit er 1990 unter dem Titel *Der Stachel des Fremden* den Reigen seiner Fremdheitsstudien eröffnete.[1] Motive

---

1 Ein förmlicher Grundriß dessen, was mir als Phänomenologie des Fremden vorschwebt, findet sich in Kapitel 1 der *Topographie des Fremden* (1997), während die verschiedenen Dimensionen des Fremden in Kapitel V-VI der *Bruchlinien der Erfahrung* (2002) detailliert zur Sprache kommen.

sind Bewegkräfte, die vorantreiben, keine bloßen Beweggründe, mit denen man sich nachträglich rechtfertigt. Für die Erfahrung des Fremden gibt es ebensowenig eine hinreichende Rechtfertigung oder eine hinreichende Erklärung wie für das Staunen, für das Erschrecken, für Liebe und Haß oder für die winzigen Unstimmigkeiten, mit denen sich Neues ankündigt. Die einzelnen Kapitel haben in ihrer Anlage durchweg etwas Programmatisches. In ihrer Abfolge entsprechen sie den einzelnen Etappen, in denen die Phänomenologie des Fremden Gestalt angenommen hat, und so lassen sie sich lesen als einführende oder erläuternde Begleittexte zu den größeren Schriften, die bereits vorliegen. Diese Zuordnung erspart mir ausführliche Einzelnachweise, so daß ich mich auf die Kernfragen konzentrieren kann. Die Schlüsselthemen lauten: Ordnung – Pathos – Antwort – Leib – Aufmerksamkeit – Interkulturalität.

Kapitel I steht in enger Beziehung zu den Initialversuchen in *Ordnung im Zwielicht* (1987). An den Grenzen einer jeden Ordnung taucht Fremdes auf in Gestalt eines Außerordentlichen, das in der jeweiligen Ordnung keinen Platz findet, das aber als Ausgeschlossenes nicht nichts ist. Indem es nicht schlechthin, sondern aus einer bestimmten Ordnung ausgeschlossen ist, bedeutet es mehr als das Grau in Grau bloßer Unbestimmtheit, und indem es an unsere Sinne appelliert, besagt es mehr als ein Geräusch, gegen das man sich so gut es geht abschirmt. Diese Ausgangslage, die uns mit Unfaßlichem im Faßbaren, mit Ungeregeltem im Geregelten, mit Unsichtbarem im Sichtbaren, mit Unerhörtem im Gehörten konfrontiert, setzt sich um in eine Kette von Untersuchungen, die allesamt um die Frage kreisen: Wie können wir auf Fremdes eingehen, ohne schon durch die Art des Umgangs seine Wirkungen, seine Herausforderungen und seine Ansprüche zu neutralisieren oder zu verleugnen? Als Phänomenologe habe ich mich stets gehütet, das zu tun, was flüchtige Leser und Hörer den Phänomenologen des Fremden gern unterstellen, nämlich das Fremde zur moralischen oder zur religiösen Instanz zu erheben oder es in ein ›ganz Anderes‹ zu übersteigern. Gäbe man dieser Versuchung nach, so fände die Divinisierung des Anderen, die manch einer Levinas zum Vorwurf macht, ihre Entsprechung in einer Moralisierung des Fremden. Doch eine Erfahrung kann ebensowenig geboten werden, wie laut Kant kein Gefühl geboten werden kann. Nicht als ob die Fremderfahrung ein bloßes subjektives Gefühl wäre, wie es uns die Moderne vielfach weismachen will, wohl aber ist es so, daß es mehr Dinge auf der Welt gibt, als eine auf Normen, Werte und Interessen sich versteifende Schulweisheit es sich träumen läßt.

Mit Erfahrungen kann man mehr oder weniger achtsam umgehen, man kann sie für sich sprechen lassen, sie als Datenbank nutzen oder den Versuch machen, sie zum Schweigen zu bringen, sei es aus Nachlässigkeit, aus einem Machtstreben heraus oder aus schlichter Gleichgültigkeit. Die beiden folgenden Kapitel behandeln diese Möglichkeiten aus dem Blickwinkel einer responsiven Ethik, das heißt einer Ethik, die aus dem Antworten erwächst und somit die Ebene der Gebote und Verbote unterschreitet. Die vorprädikative Erfahrung im Sinne Husserls geht über in eine pränormative Erfahrung, die bereits übersprungen ist, wenn man sich auf Handlungsentwürfe oder Lebenspläne und ihre moralische bzw. rechtliche Beurteilung festlegt. In Kapitel II beziehe ich mich vorwiegend auf die *Bruchlinien der Erfahrung* (2002). Die dort durchgeführten Untersuchungen kreisen um ein Doppelereignis, das in ein vorgängiges Pathos und eine nachträgliche Response auseinandertritt. Den Ausgangspunkt bildet das, was uns widerfährt, was uns zustößt und zufällt in Form von Ereignissen, an denen ich oder der Andere durchaus teilhat, aber eben nicht als ein Subjekt, das Akte vollzieht oder Handlungen tätigt. Entscheidend ist dabei die zeitliche Verschiebung, die Diastase. Die Pointe liegt nicht darin, daß *etwas* der Eigeninitiative vorausgeht, sondern darin, daß diese *sich selbst* vorausgeht und nicht schlechthin bei sich selbst beginnt. Diese Zusammenhänge treten in ein neues Licht, wenn in Kapitel III, in engem Anschluß an das *Antwortregister* (1994),[2] die Grundzüge einer Responsivität des Verhaltens und einer entsprechenden Antwortlogik entwickelt werden, wie sie aus dem Anspruch des Fremden hervorgehen. Eine besondere Rolle spielt dabei das Paradox eines kreativen Antwortens. Es stellt sich heraus, daß das Was der Antwort erfunden wird, nicht aber das Worauf des Antwortens. Der Rückgang auf den fremden Anspruch läßt sich ebensowenig mit einem ethischen Fundamentalismus vereinbaren wie mit einem technologischen Konstruktivismus.

Kapitel IV, das sich mit der leiblichen Erfahrung befaßt, bedeutet alles andere als eine bloße Ausweitung der Fremdheitssphäre. In der Verschränkung von Selbstbezug und Selbstentzug, die seine Seinsweise kennzeichnet, erweist sich der Leib geradezu als ein Emblem des Fremden. Die Fremdheit beginnt bei mir selbst, oder sie bedeutet nicht viel. Das sogenannte Subjekt büßt seine zentrale Stellung ein, wenn es sich als *Leibliches Selbst* darstellt, so der Titel der 2000 erschienenen Leibvorlesungen, in denen diese Thematik in ihrer ganzen Fülle ausgebreitet wird. Kapitel V präsentiert in einer pointierten und literarisch unterfütterten Form die Grundgedanken der *Phänomenologie der Aufmerksamkeit* (2004). Diese ist ganz und gar auf den Zweitakt von Auffallen und Aufmerken abgestimmt; die Doppelbewegung von Pathos und Response gewinnt damit eine spezifische Form, die all unser Erleben und Verhalten durchdringt. Was uns auffällt oder einfällt, was ins Auge fällt, was uns zu Ohren oder in den Sinn kommt, kommt auf

---

2 Ich weiche in diesem Falle bewußt von der Abfolge der Entdeckungsgeschichte ab, um das Verständnis zu erleichtern; denn das *Antwortregister* setzt von der Sache her gesehen einiges von dem voraus, was erst in den *Bruchlinien* voll und ganz zur Entfaltung kommt. Das Worauf des Antwortens weist zurück auf ein Wovon des Getroffenseins.

uns zu, es ist nicht unser eigen. Die Anspielung auf den Titel der *Sinnesschwellen* (1999) deutet darauf hin, daß wir mit dem allgegenwärtigen Phänomen der Aufmerksamkeit das Feld der Aisthesis, das der modernen Ästhetik, aber auch das Gebiet eines eigentümlichen Ethos der Sinne betreten. Andeutungsweise kommen in den beiden letztgenannten Kapiteln auch die Fremdheitsaspekte der Psychoanalyse und der Technik zur Sprache, die in den *Bruchlinien der Erfahrung* und in der *Phänomenologie der Aufmerksamkeit* einen breiten Raum einnehmen. So wie die ureigenste Erfahrung mit Momenten des Unwissentlichen und Unwillentlichen durchsetzt ist, so sind die Phänomene der Erfahrung von Anfang an durch eine genuine Phänomenotechnik und Somatotechnik geprägt. Die Technik, die lange Zeit – bei aller beklagten Entfremdung durch die Technik – als eine Erweiterung der Eigensphäre gegolten hat, erweist sich mehr und mehr als ein Fremdheitsherd eigener Art.

Kapitel VI kann als ein Resümee gelesen werden, das die verschiedenen Aspekte des Fremden in knapper Form zusammenführt, ausgerichtet auf das, was zwischen den Kulturen geschieht. Die Interkulturalität macht auch vor der Philosophie nicht halt.[3] Ein globales Denken ist weder zu erwarten, noch ist es zu wünschen, da es zwangsläufig auf eine Hegemonie mit anderen Mitteln hinauslaufen würde. Wohl aber mag man begrüßen, daß die Philosophie es fortan schwerer hat, einzig um sich selbst zu kreisen und sich in der angestammten Kultur festzusetzen. Das Bemühen, Grenzen zu überschreiten, ohne sie aufzuheben, gehört zu den künftigen Abenteuern einer Interkulturalität, die mehr bedeutet als ein multikulturelles Nebeneinander oder Durcheinander. Bloßes Vielerlei schlägt allzu leicht in ein Allerlei um, das vielleicht Spaß macht, das Abwechslung

---

3 Hingewiesen sei an dieser Stelle auf die in Wien erscheinende Zeitschrift *Polylog*, eine *Zeitschrift für interkulturelles Philosophieren*, von der inzwischen eine stattliche Reihe von Themenheften vorliegt.

verspricht, uns aber nicht sonderlich aus der Ruhe bringt. Kulturen, die in die Jahre gekommen sind, drohen auf eine Sammlerstufe zurückzusinken.

Der vorliegende Textkorpus stützt sich auf eine Reihe von Einzelstudien, die ihre Entstehung den verschiedensten Anlässen verdanken. Sie wurden allesamt überarbeitet und auf das Gesamtthema zugespitzt.[4] Eine nachträgliche Systematisierung wurde vermieden, um die heuristische Vielfalt der Zugangswege zu wahren; angestrebt wurde dagegen eine verstärkte Reliefbildung, die wichtige Aspekte hervortreten läßt wie Gebirgszüge auf einer Reliefkarte. Als Autor bedauert man bisweilen, daß das Schreiben sich nur auf einer zweidimensionalen Fläche abspielt, doch zum Glück hat das Schreiben seine eigenen Formen der Hervorhebung, und ebenso das Lesen. Dieses Auf und Ab verhindert, daß

---

4 Verwendet wurden folgende Textvorlagen: Kapitel I: Kongreß-Vortrag in Düsseldorf 1998, Veröffentlichung in: V. Borsò und B. Goldammer (Hg.), *Moderne(n) der Jahrhundertwenden*, Baden-Baden: Nomos 2000, auf italienisch Bologna 2003. – Kapitel II: Jaspers-Vorlesung in Oldenburg und Kongreß-Vortrag in Bonn 2002, Veröffentlichung auf italienisch in: *Paradigmi* 20, No. 60 (2002), auf georgisch Tbilisi 2002, auf chinesisch Beijing 2004, auf deutsch in: *Grenzen und Grenzüberschreitungen*. XIX. Deutscher Kongreß für Philosophie, herausgegeben von W. Hogrebe, Berlin: Akademie 2004. – Kapitel III: Veröffentlichung in B. Waldenfels und I. Därmann (Hg.): *Der Anspruch des Anderen*, München: Fink 1998, Erstveröffentlichung auf japanisch Osaka 1996, weitere Veröffentlichungen auf spanisch, ungarisch (1997), russisch, tschechisch (1998), polnisch (1999), französisch (2000), italienisch (2002), englisch und georgisch (2003). – Kapitel IV: Vorträge in Kopenhagen 2002 und in Helsinki 2003, Veröffentlichung in: U. Bröckling, A. Paul, St. Kaufmann (Hg.), *Vernunft – Entwicklung – Leben*, München: Fink 2004, auf englisch in: *Phenomenology and the Cognitive Sciences* 3 (2004), auf finnisch in *ajatus* 61 (2004). – Kapitel V: Veröffentlichung in: *links* (Pisa, Rom), II (2002). – Kapitel VI: Veröffentlichung in: *Jahrbuch Deutsch als Fremdsprache*, herausgegeben von A. Wierlacher u. a., Bd. 26, München: Iudicium 2000, auf italienisch in: *Aut-Aut* No. 313-314 (2003).

der Duktus des Schreibens, der dem Schreiben eine eigentümliche Form der Fremdheit aufprägt, zu bloß Geschriebenem verflacht.

Witten, Juli 2005

I. Der Mensch als Grenzwesen

Das Fremde ist ein Grenzphänomen par excellence. Es kommt von anderswoher, selbst wenn es im eigenen Haus und in der eigenen Welt auftritt. Kein Fremdes ohne Orte der Fremde. Welches Gewicht der Fremdheit zuteil wird, hängt also davon ab, wie die Ordnung beschaffen ist, in der unser Leben, unsere Erfahrung, unsere Sprache, unser Tun und unser Schaffen Gestalt annimmt. Mit dem Wandel der Ordnung wandelt sich auch das Fremde, das so vielfältig ist wie die Ordnungen, die es übersteigt und von denen es abweicht. Der Ausdruck ›das Fremde‹ ist nicht minder okkasionell als der Ausdruck ›das Ich‹. Die Grenzzonen, die sich zwischen den Ordnungen und jenseits der Ordnung ausbreiten, sind Brutstätten des Fremden.

1. Ordnungen und ihre Grenzen

Gemeinhin können wir davon ausgehen, daß Ordnungen nicht nur ihre Grenzen haben, sondern daß Ordnungsprozesse Grenzen entstehen lassen. Etwas ist, was es ist, indem es sich als Stein, Pflanze, Tier oder Mensch, als natürliches oder künstliches Ding von anderem abgrenzt. Doch im menschlichen Bereich wird das Grenzgeschehen von einer besonderen Unruhe erfaßt, da die Grenzen immer wieder in Frage gestellt werden. Der Mensch, der sich dadurch auszeichnet, daß sein Verhalten weder durch instinktive Regelungen noch durch künstliche Programme auf sichere Bahnen gelenkt wird, ist ein Wesen, das nicht in feste Grenzen eingeschlossen ist, das sich vielmehr auf bestimmte Weise zu seinen Grenzen verhält. Dies gilt für Orts- und Zeitgrenzen, die unser Hier- und Jetztsein bestimmen, aber auch für Verbotsgrenzen, die unseren Wünschen und Taten Schranken auferlegen, und für Begriffsgrenzen, die das Denken zügeln. Kein Wunder, daß die Frage nach den Grenzen des Daseins und nach den Grenzen der Welt zu den großen Themen der Menschheitsgeschichte gehört, sei es Jehova, der das Licht von der Finsternis scheidet, seien es die Grenzen der Seele, die niemand ermessen kann, sei es der neuzeitliche Philosoph, der die Grenzen der reinen Vernunft absteckt, sei es der Systemtheoretiker, der die erhabene Schöpfungsgeste in eine Minimalformel kleidet: »Draw a distinction!«

Wie sich schon hier andeutet, hat die Grenzziehung, die verschiedenartige Ordnungsgestalten entstehen läßt, nicht nur einen pragmatischen und regionalen, sondern auch einen epochalen Charakter. Man darf davon ausgehen, daß jede Epoche, speziell gesprochen: jede Kultur, Gesellschaft, Lebenswelt oder Lebensform sich in bestimmten Grenzen bewegt, daß aber der Umgang mit den Grenzen, der stets von einer entsprechenden Grenzpolitik begleitet wird, erheblich variiert. Der Umgang mit Grenzen verrät, wes Geistes Kind eine Epoche ist; er könnte also auch etwas verraten von dem, was die Moderne seit langem bewegt, was ihr vorausgeht oder sie unterwandert und überschreitet. Daß die jüngst überschrittene Jahrtausendschwelle eine Grenze besonderer Art darstellt, ist ebenso wahr wie die Tatsache, daß wir keine rechte Sprache für das haben, was uns erwartet.

2. Grenzenloses All

Beginnen wir kontrastweise mit dem grenzenlosen All, das in unserer kulturellen Tradition am prägnantesten durch den griechischen Kosmos repräsentiert wird. Der Kosmos stellt eine klassische Ordnungsform dar, da er über lange Zeit hin eine paradigmatische Rolle gespielt hat. Der Kosmos verkörpert nicht eine Ordnung unter möglichen anderen Ordnungen, er verkörpert die Ordnung schlechthin. Als

Alternative bleibt nur die ungeordnete Mannigfaltigkeit eines Chaos. Innerhalb dieses Kosmos erhält jedes Seiende seine begrenzte Gestalt (πέρας), die es in sich selbst *umgrenzt* und nach außen hin von anderem *abgrenzt*. Die festumrissene Gestalt findet ihren Ausdruck in der begrifflichen Definition (ὁρισμός), und seit Platon ist es die Dialektik, die jegliches Seiende als Selbes mit seinem Anderen in einem Beziehungsgefüge verknüpft. Dieses horizontale Geflecht wird ergänzt durch eine vertikale Hierarchie, die sich danach bemißt, wieweit sich im Einzelnen das vernünftige Ganze widerspiegelt. In diesem Sinne steht der Mensch über dem Tier, der Grieche über dem Barbaren, der Mann über der Frau, der Beschauliche über dem Tätigen. Der Anteil an der Vernunft, die das Gesetz des Ganzen erschließt, entscheidet über die Stellung in der Hierarchie der Einzelwesen.

Dieses Beziehungsgefüge, in dem es nur relative Andersheiten gibt, stößt an eine untere und an eine obere Grenze. Die untere Grenze bildet das *In-dividuum*, ein ἄτομον εἶδος, das nicht in weitere Einzelheiten zerteilt werden kann, ohne daß sein Eigensein darüber zugrunde ginge. Die obere Grenze bildet das *All*, ein ἓν καὶ πᾶν, das nicht selbst wieder einem anderen ein- oder untergeordnet werden kann; die Welt ist ein Ganzes, »von dem nichts außerhalb ist«, wie es in der aristotelischen *Physik* heißt (III, 6, 207 a 8). Einfach gesagt: der Kosmos ist eine *Ordnung ohne Außen*, in dem es nur Binnengrenzen gibt. Wer die Grenzen des Kosmos überschreitet, gerät in die schlechte Unendlichkeit eines endlosen, bodenlosen und ziellosen *Apeiron*, oder er versteigt sich ins Extreme wie Ikarus, dessen Himmelsstürmerei mit dem tödlichen Absturz bezahlt wird.

Die Geschlossenheit eines allumfassenden Kosmos, der für jedes Seiende seinen gebührenden Platz bereithält und ihm seine Bahnen vorzeichnet, beruht allerdings auf der uneingestandenen Voraussetzung, daß der Ort, an dem sich das Ganze *als Ganzes* zeigt und ausspricht, selbst noch als Ort *innerhalb des Ganzen* gedacht wird. Die Psyche, die laut Aristoteles »auf gewisse Weise alles« ist, wird zum Schauplatz jener Ordnung, der sie sich mimetisch angleicht. Der Kosmos erscheint dann als eine Ordnung, die *sich selbst als sie selbst* enthüllt und ausspricht, indem sie alle Bedingtheiten in Momente ihrer selbst verwandelt. Dieser Ordnung ohne Außen entspricht ein *Denken des Innen*, ein *penser du dedans*, um Foucaults bekannten Titel abzuwandeln, und dieses Denken wäre im Ganzen bei sich selbst. Freilich gibt es auch bei den klassischen Griechen Figuren, die sich nicht diesem Panorama einfügen, sei es Sokrates, jener ἄτοπος, der zwar mit seinen Mitbürgern das Leben der Stadt teilt, aber als lebendiges Fragezeichen agiert, sei es die platonische *Mania*, von der Poesie und Eros beflügelt werden, seien es die Sophisten, die gegenüber dem wahren *Logos* die künstlichen Winkelzüge und Techniken der *Lexis* hervorkehren, sei es eine tragische Gestalt wie Ödipus, der erst in der Erblindung sehend wird, gekettet an ein abgründiges Schicksal, das ihn aussondert, ihn zum Stadtlosen (ἄπολις) stempelt.[1] Solche Randfiguren, die in ihrer Anomalität die Normalität verunsichern, finden wir auch anderenorts. So pflegen mystische Nebenströmungen den Hauptstrom der Gesetzesfrömmigkeit und Textgläubigkeit zu begleiten, und sie haben stets einen Hauch von Heterodoxie und Anarchie. Das gilt für die jüdische oder islamische Tradition ebenso wie für die christliche. Schon Paulus distanziert sich von einer Zungenrednerei, in der die γλῶσσα oder die *lingua* eine leibliche Zungenfertigkeit entfaltet, die sich der indivi-

---

1 Die Figur des *Apolis* taucht im Hintergrund der Polis auf, und ihr wird von Sophokles der ὑψίπολις, der ›in der Stadt Herausragende‹, gegenübergestellt (*Antigone*, V. 370). Der als *Apolis* Titulierte entspricht unserem ›Staatenlosen‹, er kann aber auch in einem weiteren Sinne aufgefaßt werden analog dem erwähnten *Atopos*, der wörtlich genommen ›ortlos‹ ist, der aber auch als ›seltsam‹, als ›deplaziert gilt‹, als einer, der ›nicht völlig am Platze‹ ist. Das Alpha privativum der beiden griechischen Ausdrücke läßt sich nicht nur als Negation, sondern ebenso als Ausdruck eines Entzugs verstehen.

duellen Steuerung wie auch der öffentlichen Kontrolle entzieht. Dem Sagen, das im Kosmos des Gesagten entschwindet, tritt ein Sagen gegenüber, das *nicht etwas* sagt und in diesem Sinne nichtssagend ist. Was Max Weber als das Charismatische dem Alltag der Institutionen entgegensetzt, macht sich überall geltend; dies weist darauf hin, daß jede Normalität, auch die kosmologisch, theologisch oder kosmopolitisch ambitionierte Normalität, etwas ausspart, das sich in Anomalien äußert und in einen *lunatic fringe* ausfranst.

3. Eigenheit, Fremdheit, Kontingenz

Eine Gesamtordnung läßt sich nur dann bruchlos denken, wenn der Ort, von dem aus sich das Ganze entfaltet, in einem vorgegebenen Ganzen entschwindet. Was wir Moderne nennen, läßt sich beschreiben als die Infragestellung dieser Ganzheitsvision. Die Selbstverkennung eines *Kosmotheoros*, der sich selbst dem Schauspiel zurechnet, das er betrachtet, wird durchbrochen, und die vorgegebene Ordnung erweist sich als Ergebnis einer Ordnungsstiftung. Dabei sind zwei zentrale Entdeckungen maßgebend: die Entdeckung eines *Selbst*, das ›ich‹ sagt, bevor es als ›Subjekt‹ tituliert wird, und das in seiner Selbstbezüglichkeit das Beziehungsgefüge des Ganzen sprengt, und dazu die Entdeckung einer radikalen *Kontingenz*, die nicht nur die offenen Spielräume einer Ordnung nutzt, sondern die Ordnung selbst antastet. Eine solche Ordnung kann nicht nur in Unordnung ausarten, sie kann in eine andere Ordnung übergehen; sie kann anders sein, als sie ist. So finden wir bei Descartes nicht nur die Aufgipfelung des Denkens in einem *Cogito*, sondern auch den Gedanken, daß Gott eine andere Mathematik hätte schaffen können. Die Ordnungen, in denen wir uns bewegen, erweisen sich als Ordnungen im Potentialis. Wie der merkwürdige Romanheld aus Musils

Mann ohne Eigenschaften vermutet, spricht auch Gott von seiner Welt am liebsten in der gemilderten Form eines Conjunctivus potentialis, »denn Gott macht die Welt und denkt dabei, es könnte ebensogut anders sein.« (Musil 1978, S. 19). Daß diese Vermutung sich bei dem jungen Ulrich mit der These verbindet, »daß ein wahrer Vaterlandsfreund sein Vaterland niemals das beste finden dürfe«, gibt der Sache eine zusätzliche politische Note. Entscheidend ist nun, daß die Motive der Subjektivität und der Rationalität, die uns bis in die Gegenwart hinein in Verlegenheit stürzen, als Doppelmotiv auftreten. Das moderne Subjekt stellt sich als ein Wesen dar, das seinen Platz sucht und ihn nicht hat, und das auch nicht länger als Statthalter einer einzigen Vernunft auftreten kann.

Wird dieses Doppelmotiv in seiner Radikalität ernst genommen, so bedeutet dies, daß die Problematik der Grenzziehung sich ändert. Das Selbst, das sich in einer Eigensphäre bewegt und sich bis in die Sinne und in die Sprache hinein an einer kulturellen Eigenordnung ausrichtet, läßt sich nicht länger auf ein Selbes reduzieren, das sich in der Sphäre eines Alls oder im Medium eines Allgemeinen von Anderem abgrenzt. Selbstheit und Eigenheit entspringen einer Grenzziehung, die ein Drinnen vom Draußen absondert und somit die Gestalt einer *Ein-* und *Ausgrenzung* annimmt. Eigenes entsteht, indem sich ihm etwas entzieht, und das, was sich entzieht, ist genau das, was wir als fremd und fremdartig erfahren. Die Diastase, das Auseinandertreten von *Eigenem* und *Fremdem*, das durch kein Drittes vermittelt ist, gehört einer anderen Dimension an als die Distinktion vom *Selben* und *Anderen*, die ihren Rückhalt in einem dialektisch zu vermittelnden Ganzen findet. Um es in der Muttersprache der westlichen Philosophie zu sagen: Anderes (ἕτερον) und Fremdes (ξένον) sind zweierlei. Die Fremdheit eines Gastes – darunter der Fremde aus Elea, den Platon im *Sophistes* auftreten läßt –, die Fremdheit einer anderen Sprache, einer anderen Kultur, die Fremdheit des anderen Geschlechts oder die eines ›anderen Zustandes‹ reduziert sich keineswegs darauf, daß etwas oder jemand sich als verschieden erweist. Baumaterialien wie Holz und Beton oder Weinsorten wie Beaujolais und Rioja sind durchaus voneinander verschieden, doch daß eines dem anderen fremd wäre, wird normalerweise niemand behaupten. Fremdheit setzt den Eigenbereich und das Eigensein eines Selbst (*ipse*, *self*) voraus, und dieses Selbst darf nicht verwechselt werden mit einem Selben (*idem*, *same*), das von dritter Seite her unterschieden wird.

4. Moderne Kompromisse

Bei Nietzsche lesen wir: »Es scheint mir wichtig, daß man *das* All, die Einheit, los wird [...]. Man muß das All zersplittern; den Respekt vor dem All verlernen [...].« (KSA 12, 317) Man kann keineswegs behaupten, daß die Moderne mit den Konsequenzen einer Ordnungsbegrenzung Ernst gemacht hätte. Bis heute neigt sie zu Kompromissen, und die Kontamination von Selbst und Selbem, von Anderem und Fremdem spielt dabei keine unwesentliche Rolle. Die Zweideutigkeiten, mit denen das neue Ordnungspotential ausgewertet wird, spielen auch in den jüngsten Streit zwischen Vertretern der Moderne und der Postmoderne hinein. Nehmen wir zunächst das Motiv eines Selbst, das ›ich‹ sagt und sich damit aus dem Ganzen heraushebt. Das Ich bedeutet buchstäblich eine Aus-nahme. Man macht es sich zu einfach, wenn man das Descartessche Ego sogleich mit einem Egozentrismus zusammenbringt und darüber die Unruhe vergißt, die von dieser radikalen Selbstbesinnung ausgeht und die gerade dafür verantwortlich ist, daß der Philosoph auf die Suche nach einem unerschütterlichen Fundament geht. Daß diese Suche unglücklich enden muß, entledigt uns nicht der Frage, wie es zu dieser Suche kommt. Selbst wenn die Frage »*Wer* bin ich?« sich allzu schnell in die Frage »*Was* bin ich?« zurückverwandelt, so enthält diese verquere Frage, die Fragenden und Erfragtes kurzschließt, bereits eine Vorahnung des Rimbaudschen »*JE est un autre*«. Doch wie dem auch sein mag, die Entdeckung eines Selbst, dessen Selbstheit sich aus dem Beziehungsgefüge eines natürlichen und sozialen Alls heraushebt, wird verwässert, wenn sie in eine bloße *Partikularität* oder Besonderheit umgebogen wird. Wir enden dann bei dem Streit zwischen *Individualismus* und *Holismus*, zwischen *Partikularismus* und *Universalismus*, der bis heute andauert, aber nicht viel erbringt. Da ein Ganzes nicht zu fassen ist ohne Teile, in denen es sich artikuliert, und da allgemeine Regelungen leerlaufen ohne die besonderen Umstände, unter denen sie angewandt werden, läuft der Streit auf eine große Koalition hinaus, in der Aristoteliker neben Kantianern, Hermeneutiker neben Universalpragmatikern Platz finden. Doch um diese Eintracht zu stören, genügt es, daran zu erinnern, daß die Origo des Ich-Du-Hier-Jetzt keineswegs Elemente allgemeiner Begriffsklassen bezeichnet, sondern daß diese indexikalischen oder okkasionellen Ausdrücke Zeigwörter sind, die auf den Ort der Rede hinweisen, einen Ort, der Erfahrungs-, Sprach- und Handlungsfelder eröffnet, bevor er selbst zum Gegenstand einer Ortsbestimmung gemacht werden kann. Der beredete Ort fällt nicht zusammen mit dem Ort der Rede, und für die Zeit gilt ähnliches. Auch als ein Jemand, der ›ich‹ sagt, bin ich kein abzählbares Element einer Klasse und kein Glied eines Ganzen. Das Ich des Aussagevorgangs, das vom Ich des Aussagegehalts wohl zu unterscheiden ist, ist kein abzählbares Etwas, das sich umstandslos in den Plural setzen ließe, und für das Du gilt das gleiche. So ist es zu verstehen, daß innerhalb des klassischen griechischen Denkens die Instanzen des Ich und Wir thematisch keine Rolle spielen, außer etwa in der anfänglichen Gegebenheitsweise eines »für uns« (πρὸς ἡμᾶς), das tendenziell in einem Sein »an sich selbst«

(καθ'αὐτό) aufgehoben ist. Die Sprengkraft der Ichrede geht ebenfalls verloren, wenn das Ich auf eine allgemeine Ichfunktion reduziert wird. Hier wäre es angebracht, Descartes gegenüber seinen transzendentalphilosophischen Erben in Schutz zu nehmen.

Nicht viel besser ergeht es der zweiten Entdeckung, die den Ordnungen eine unaufhebbare Kontingenz zuschreibt. Wird das *Andersseinkönnen* oder *Anderstunkönnen* als mehr oder weniger große *Beliebigkeit* gefaßt, so ruft diese Deutung den Widerpart der *Notwendigkeit* auf den Plan. Dies führt dann auf der Ebene von Geltungsansprüchen zu dem Streit zwischen *Relativismus* und *Universalismus*, dessen Waffen inzwischen ähnlich abgenutzt wirken wie die des oben erwähnten Streites. Wiederum ist an einen einfachen Sachverhalt zu erinnern. Die Stiftung von Ordnungen, einschließlich der Genealogie von Wahr und Falsch, von Gut und Böse, ist weder relativ noch absolut gültig, sie ist überhaupt nicht gültig, da das Faktum, daß es binäre Maßstäbe gibt, nicht unter diese Maßstäbe fällt, es sei denn, deren Genese wird abermals camoufliert und der jeweilige Gegensatz hypostasiert. Jede Ordnung hat ihren blinden Fleck in Gestalt eines Ungeordneten, das kein bloßes Defizit darstellt. Das gilt für moralische wie für kognitive und ästhetische Ordnungen. Dies erklärt, warum moderne Autoren sich derart mit dem *Incipit* ihrer Romane abmühen; schon mit dem ersten Schritt können Autor und Leser in die Falle einer fertigen Ordnung tappen.[2] »Es gibt Ordnungen«, und dieses »es gibt« bleibt allen Rechtfertigungsversuchen entrückt, da es in diesen Versuchen bereits vorausgesetzt ist. Um es in einer hierzulande vertrauteren Sprache zu sagen: das Faktum der Vernunft ist nicht selbst vernünftig. Was man heute Postmoderne nennt, könnte unter anderem dafür stehen, daß

2 Vgl. dazu *Phänomenologie der Aufmerksamkeit*, Kap. III: »Unerzählbares«.

bestimmte Streitfelder an Bedeutung eingebüßt haben – was nicht ausschließt, daß die Probleme, die von der modernen Subjektivität und Rationalität ausgehen, an anderer Stelle wiederkehren.

5. Paradoxien der Selbstabgrenzung

Es ist kein Geheimnis, daß Paradoxien heute eine besondere Konjunktur haben. Paradoxien sind, wörtlich genommen, Ansichten, die gegen die landläufige Ansicht (παρὰ δόξαν) verstoßen. Wie alle ›Para‹-Fälle (vgl. Parasit, Parästhesie, Paralogie oder Parapsychologie) setzen auch Paradoxien eine Normalität der Dinge voraus. Doch solange Paradoxien nur von landläufigen Meinungen abweichen, kann man sie gegen allen Widerstand stark machen. Anders steht es, wenn eine Annahme gegen ihre *eigenen* Voraussetzungen verstößt, so daß die Stärkung der einen Annahme zur Schwächung der anderen führt und umgekehrt. Um nicht jede Annahme hinfällig zu machen, wird man versuchen, Paradoxien zu entschärfen, wie wir es von dem bekannten Paradox des lügenden Kreters kennen. Mit der Unterscheidung von Objekt- und Metasprache entfällt die Möglichkeit, daß eine Aussage sich selbst zu Fall bringt, da das Aussageereignis, die *énonciation*, nun nicht mehr als Teil seines eigenen Aussagegehaltes, des *énoncé*, auftreten kann. Doch diese methodische Lösung beruht auf der erwähnten Abgrenzung, die von außen erfolgt; es werden zwei Sprachebenen voneinander unterschieden. Die Analyse und ihre Lösung verbleiben auf der Ebene des Gesagten. Damit unterschlägt man die Möglichkeit eines Sagens und Sichsagens, das sich im Gesagten anzeigt, ohne selbst ausgesagt zu werden. In Sprechakten wie »Ich verspreche dir, daß . . .« begegnet uns eine Selbstbezüglichkeit, die zum Beispiel dazu führt, daß der Kreter sich immerzu selbst mit in Szene setzt, wenn er über etwas spricht. Auch die bekannte Unterscheidung zwischen Inhalts- und Beziehungsebene, wie wir sie aus der Kommunikationstheorie von Paul Watzlawick kennen, kann nicht einfachhin *auf* das Sprechen angewandt werden, da diese Unterscheidung selbst immer wieder neu *im* Sprechen selbst getroffen wird.

Ähnliches begegnet uns nun bei der Selbstbegrenzung, wo das, was sich begrenzt, aus dem Begrenzungsvorgang hervorgeht – anders als im Falle einer dritten Instanz, die etwas von einem anderen abgrenzt, ohne selbst in diese Abgrenzung verwickelt zu sein (s. u. S. 126 f.). Der Pilzkenner ist weder giftig noch eßbar, so wie der Richter als Richter an der Tat des Angeklagten oder der Schädigung des Klägers keinen Anteil hat. Was geschieht dagegen, wenn einer sich entschuldigt oder sich ›in Kummer verzehrt‹? Leicht lassen sich Beispiele anführen, in denen uns Fremdes begegnet, gegen das jemand *sich* und sein Eigenes abgrenzt, ohne daß ein *Dritter* ins Spiel kommt. Zu denken ist an die Differenz von räumlich-zeitlicher Nähe und Ferne, wie sie in den Unterschieden von Hier und Dort, Jetzt und Damals oder Dereinst zum Ausdruck kommt; an die wechselnde Welt des Wachens und Schlafens; an den Verkehr mit Toten wie in den unheimlichen, alle Erinnerungsstufen überspringenden »Totengesprächen« in Juan Rulfos Roman *Pedro Páramo*[3]; an interpersonale Beziehungen wie die zwischen Mann und Frau, zwischen Kindern und Erwachsenen; an soziale Exklusionen, die durch Klasse, Profession und Kultur geschaffen werden, oder schließlich an Normalisierungsgrenzen, durch die Gesunde von Kranken, unbescholtene Bürger von Kriminellen, Orthodoxe von Häretikern, Insider von Outsidern abgesondert werden. Immerzu steht der, der sich selbst einen der beiden Zustände zuschreibt oder sich einem

---

3 Vgl. dazu Vittoria Borsò, *Mexiko jenseits der Einsamkeit – Versuch einer interkulturellen Analyse* (1994); darin findet sich viel Anregendes zum Motiv des Fremden in der gegenwärtigen Literatur und Literaturwissenschaft.

der beiden Bereiche zugehörig fühlt, auf einer Seite der Schwelle, und Übergänge wie Einschlafen und Aufwachen, Erkranken und Gesunden, Altern, Umlernen oder Sichbekehren besagen nicht, daß jemand sich auf einen anderen oder einen neutralen Standpunkt stellt, sie besagen vielmehr, daß jemand ein anderer wird. Wie sehr das Aufwachen auf ein nur leiblich zu bewältigendes Sichzurechtfinden angewiesen ist, zeigt Proust, der seine *Recherche* auf der Schwelle von Wachen und Schlafen einsetzen läßt. Solche Erfahrungen, in denen Eigenes mit Fremdem konfrontiert wird, sind grenzgängerisch par excellence und – wie sich in einem späteren Zusammenhang zeigen wird – auch doppelgängerisch. Doch die doppelte Art der Grenzziehung, in der einerseits eines vom anderen abgegrenzt wird, andererseits bestimmte Bereiche ein- und ausgegrenzt werden, läßt sich noch weiter aufschlüsseln.

Ein erster Aspekt betrifft die Selbstbezüglichkeit des Abgrenzungsgeschehens. Die fungierende Grenze ist nicht etwas, das von jemandem schlicht vorgefunden oder einfachhin gesetzt wird. Der Strich auf der Tafel ist in dieser Hinsicht irreführend. Das Ziehen einer Grenze, das immer dann geschieht, wenn etwas sich von anderem absondert, entzieht sich dem Blick und dem Zugriff; es ist nur faßbar als Spur der Grenzziehung. Darin gleicht die Grenzziehung dem Vertragsabschluß, der nicht selbst in die Vertragsmaterie eingeht, dafür aber indirekt in der Veränderung meiner Verbindlichkeiten faßbar wird. Das Ziehen der Grenze findet an einem Nullpunkt statt, der weder diesseits noch jenseits der Grenze angesiedelt ist. Die fungierende Grenze ist infolgedessen kein datierbares Etwas, und sie ist auch nicht Nichts, weil es ohne sie weder dieses noch jenes, weder mich noch Andere gäbe. *Der Selbstbezug der Grenzziehung liegt in deren Selbstentzug.*

Der zweite Aspekt betrifft die Selbstbezüglichkeit, die im *Sich* der Abgrenzung hervortritt und zu einer Ein- und Ausgrenzung führt. Dieses Sich ist weder das verkappte Subjekt einer eigenen Grenzziehung, noch das objektive Resultat einer fremden Grenzziehung, sondern es springt bei der Grenzziehung förmlich heraus, als eine Höhlung, als ein *Innen, das sich selbst von einem Außen absondert* und damit eine *Präferenz in der Differenz* hervorbringt. Formal betrachtet bedeutet dies, daß das, *was* sich unterscheidet, markiert wird, während das, *wovon* es sich unterscheidet, unmarkiert bleibt. Hierin liegt eine unaufhebbare Asymmetrie, ohne die es gar kein Selbst gäbe, das sich auf den Standpunkt eines Anderen stellen oder den Standpunkt eines Dritten einnehmen könnte. Diese Einseitigkeit, die dem Gegensatz von Eigenem und Fremdem inhärent ist, läßt sich anhand der bereits erwähnten Beispiele erläutern. Das Hier und Jetzt, das sich von der Ferne, der Vergangenheit und der Zukunft unterscheidet, bildet ein Glied in der Unterscheidung und tritt zugleich als der Ort auf, an dem die Unterscheidung erfolgt. Für alle übrigen Unterscheidungen gilt dasselbe. Es ist nicht Sache eines neutralen, leib-, geschlechts- oder alterslosen Dritten, zwischen Mann und Frau, zwischen Erwachsenem und Kind zu unterscheiden, und es ist nicht Sache eines transnationalen oder transkulturellen Dritten, Deutsche und Franzosen, Europäer und Asiaten einander gegenüberzustellen. Vielmehr unterscheiden Deutsche *sich* von Franzosen, wie weibliche Wesen *sich* von männlichen Wesen unterscheiden, und wer sich auf diese Weise unterscheidet, wird erst in der Unterscheidung zu dem, der er ist, beziehungsweise zu der, die sie ist. Wer sich unterscheidet, steht auf einer Seite, das Fremde als das Wovon der Unterscheidung, auf der anderen. *Der Fremdbezug liegt in diesem Fremdentzug.* Die Tatsache, daß diese Asymmetrie sich verdoppelt und vervielfältigt, hat keineswegs eine Symmetrie zur Folge. Das *Syn-* der Symmetrie hängt davon ab, daß Eigenes und Fremdes einem gemeinsamen Gesichtspunkt oder einer gemeinsamen Regel unterworfen werden. Das »Gleichsetzen des Nicht-Gleichen«, von dem Nietzsche in seiner Schrift *Über Wahrheit und*

Lüge im außermoralischen Sinne spricht (KSA 1, 880), *setzt* gleich, was nicht gleich *ist*. Normalisierung als selektive Ordnungsleistung, die bereits in der Orthoästhesie der Sinne beginnt, ist ohne den Schatten der Heteroästhesie nicht zu denken, und für Orthodoxie, Orthologie und Orthopraxie gilt dasselbe.[4]

Das Paradox der Selbstbezüglichkeit erfährt eine nochmalige Steigerung dadurch, daß der erste Aspekt der selbstbezüglichen Abgrenzung und der zweite Aspekt der Selbsteingrenzung und Fremdausgrenzung sich ineinanderschieben in Form eines *Fremdbezugs im Selbstbezug*. Das Selbst tritt infolge einer unausbleiblichen Selbstthematisierung in das Ordnungsnetz ein, das es entwirft. Das leibliche Hier läßt sich lokalisieren, so etwa mittels des roten Punkts, der im Lageplan den Ort des Benutzers anzeigt. Ebenso läßt sich das Jetzt datieren und im Kalender vermerken. Der Leib, von dem in einem späteren Kapitel ausführlich die Rede ist, entpuppt sich als Leibkörper, der sich immer wieder den Spiegelungen des Bewußtseins entzieht und sich unseren Initiativen widersetzt. Auf der sozialen Ebene, die sich in Form einer Zwischenleiblichkeit realisiert, findet sich Ähnliches. Das Ich als »bevorzugtes Glied«, so Husserl in der *Krisis* (Hua VI, 188), ohne welches es die Anderen nicht gäbe, findet sich zugleich als gewöhnliches Mitglied in der Gruppe wieder, die es selbst mit konstituiert. Das Ich ist ein Anderer, weil die Fremdheit im eigenen Hause beginnt. Der Fremdbezug im Selbstbezug erklärt, daß niemand einfach ist, was er oder sie ist; er löst jene Kette von Selbstverdoppelungen aus, die bei Husserl und Merleau-Ponty wie bei Foucault und Luhmann unter wechselnden Voraussetzungen auftauchen. Diese Verdoppelungen sind nicht zu verwechseln mit Spiegelungen eines reflexiven Selbstbewußtseins, das Subjekt und Objekt zugleich ist, und sie ha-

---

4 Ich verweise hierzu auf die entsprechenden Ausführungen in den *Grenzen der Normalisierung* (1998).

ben auch nichts zu tun mit einer intersubjektiven Dialektik der Anerkennung, innerhalb derer ein Subjekt sich im anderen Subjekt wiederfindet. Der leibliche Selbstentzug, der sich in der Differenz von Fungieren und Thematisieren bekundet, entspricht viel eher der Differenz von Aussagen und Aussage, von Sagen und Gesagtem, aufgrund derer das Ereignis des Sagens niemals im Gesagten aufgeht. Allgemein betrachtet entspringt die Unruhe, die zu unaufhörlichen Selbstverdoppelungen treibt, der Tatsache, daß der Ort, an dem Grenzen gezogen werden, weder innerhalb der Ordnungen zu situieren ist noch außerhalb ihrer, sondern innerhalb und außerhalb zugleich. Selbstentzug bedeutet, daß Momente des Fremden im Selbst, Momente der Fremdartigkeit innerhalb der jeweiligen Ordnung virulent sind. Das Doppelspiel wird, wie Foucault zeigt, zu einem Vexierspiel, wenn man weiterhin versucht, das Sehen im Gesehenen, das Sagen im Gesagten, das Denken im Gedachten einzuholen, anstatt diese Verdoppelungen dem Spiel selbst zuzurechnen.

6. Möglichkeiten und Unmöglichkeiten

Ein Denken, das sich den Paradoxien einer sich selbst begrenzenden, also auch sich selbst übersteigenden Ordnung ausliefert, erzeugt eine Reihe von Denkfiguren, die aus dem Rahmen des traditionellen Denkens herausfallen. *Abweichungen* von einer Ordnung, die in der neueren Poetik, aber auch in der Selbstorganisation der Natur eine entscheidende Rolle spielen, besagen nicht, daß es etwas gibt, das abweicht, vielmehr entsteht Abweichendes aus der Selbstabweichung von Blick oder Rede, die sich selbst entgleiten. Eine weitere Denkfigur ist die des *Überschusses*. Ein Reden und Tun, das sich an den Grenzen der jeweiligen Ordnungen bewegt, bleibt einerseits hinter sich selbst zurück, da es mehr Möglichkeiten ins Spiel bringt, als es nutzen kann; es wächst andererseits über sich selbst hinaus, da es an Unmöglichkeiten des Unsichtbaren, Unerhörten und Ungedachten rührt. Bedeutungswucherung und Bedeutungsverknappung, die beide zu den Formen einer nichtklassischen Kunst gehören, verweisen auf ein Zuviel und Zuwenig an Sinn, das in den klassischen Mustern von Wunschbefriedigung und Gebotserfüllung keinen Platz findet. Als »nicht festgestelltes Tier«, das sich gezwungen sieht, Ordnungen zu erfinden und zu schaffen, entpuppt der Mensch sich als Mängel- und Überflußwesen in eins. Er kann auf nichts bauen, nicht einmal auf natürliche oder notwendige Bedürfnisse, und er kann sich an keinen festen Zielen ausrichten, nicht einmal an regulativen Ideen, die einen einheitlichen Maßstab voraussetzen. »Es gibt Ordnungen«, dieses variable Grundfaktum verweist auf Ordnungen, die zwar notwendigen und einschränkenden Bedingungen unterliegen, für die sich aber keine zureichenden Gründe finden lassen. Ordnungen ermöglichen und verunmöglichen etwas, doch die Stiftung von Ordnungen wird nicht selbst wieder ermöglicht. Hier stoßen wir auf ein Moment faktischer Un-bedingtheit inmitten der Erfahrung. Radikal Fremdes ist genau das, was durch keine subjektiven Erwartungen und durch keine transsubjektiven Möglichkeitsbedingungen vorweggenommen werden kann. Die überschießende Erfahrung, die über bestehende Ordnungen hinausführt, verbindet sich schließlich mit einer zeitlichräumlichen *Verschiebung*, die darauf beruht, daß der Selbstbezug sich nie mit sich zusammenschließt, daß der Ort der Rede nie mit dem beredeten Ort, die Zeit der Rede nie mit der beredeten Zeit zusammenfällt. Selbstentzug besagt, daß etwas da ist, indem es abwesend ist, daß etwas nah ist, indem es in die Ferne rückt. Diese Verschiebung beginnt mit der eigenen Geburt, die nie ganz meine eigene ist, weil sie niemals aktiv durchlebt wurde und niemals zur Wahl stand. Die Verwicklung in die eigene Vorgeschichte findet ihren spielerisch gebrochenen Ausdruck bei Lawrence Sterne, wenn der

Autor die Geburt seines Helden Tristram Shandy immer wieder hinauszögert, sie aber zugleich in unmöglichen Wendungen wie »I am not yet born« vorwegnimmt (1950, S. 33). Dazu Carlo Levi: »Tristram Shandy non vuol nascere, perché non vuol morire.« (Zitiert nach Italo Calvino, *Lezioni Americane*, 1988, S. 46) Die Geburt betrifft mich, doch kann ich sie mir nicht zurechnen wie einen Akt, den ich vollzogen habe. Jede Geburt ist eine Frühgeburt, jeder Geborene ein Nachzügler, und diese Verspätung wiederholt sich überall dort, wo Neues entsteht, das bestehende Maßstäbe durchbricht. Jede Neuformung realisiert sich daher als *Verformung* bestehender Formationen. Eine erste Rede und eine erste Tat ist damit ebenso ausgeschlossen wie ein letztes Wort und eine letzte Tat. Die »absolute Gegenwart«, die allen Sinn in sich versammeln würde, gehört zu den Phantasmen traditioneller Ordnungen, die ihre Herkunft verleugnen.

Fremdes, das als Außer-ordentliches den Möglichkeitsspielraum einer Ordnung überschreitet, kann man insofern als Un-mögliches bezeichnen, und dies nicht etwa im Sinne einer ontologischen, einer epistemischen, einer praktischen oder einer logischen, sondern im Sinne einer gelebten Unmöglichkeit.[5] Der Bindestrich deutet in beiden Fällen darauf hin, daß das, was die Ordnungen überschreitet, nicht in eine jenseitige Welt führt, sondern in ein Jenseits dieser Welt. Die Frage nach den Möglichkeiten und Unmöglichkeiten von Erfahrung, Rede und Tun unterliegt jedoch einer Zweideutigkeit, mit der unsere Überlegungen ihren äußersten Rand erreichen. Die Frage, die sich hier stellt, betrifft den erwähnten Zusammenhang von Selbst- und Fremdbe-

---

5 Diese Unmöglichkeit hat beileibe nicht nur, aber auch eine pathologische Seite. Ich verweise auf meinen Beitrag »Gelebte Unmöglichkeit« in: Ch. Rohde-Dachser und F. Wellendorf (Hg.), *Inszenierungen des Unmöglichen. Theorie und Therapie schwerer Persönlichkeitsstörungen* (2004).

zug. Der Fremdbezug kann zwiefach verstanden werden, als *Grenze der Eigenkapazität* oder als *Infragestellung des Eigenen.*

Hermeneutiker wie Gadamer oder Pragmatiker wie Rorty, die sich auf die Zugehörigkeit zu einer Tradition berufen, nehmen eine unscharfe Mittellage ein. Fremdes wird zwar in das Gespräch einbezogen, aber nur soweit es ebenfalls dazugehört, so daß die Infragestellung des Eigenen letzten Endes auf eine Infragestellung des Eigenen durch Eigenes hinausläuft. Man bleibt unter sich. Dabei macht es keinen großen Unterschied, ob der Tradition eine starke Vernunft zugebilligt wird oder eine schwache Vernunft im Sinne von Gianni Vattimo. Bei anderen Theoretikern ist die Sache dagegen eindeutiger. Die erste Form des besagten Fremdbezugs begegnet uns in der Systemtheorie von Niklas Luhmann, der mit seltener Hartnäckigkeit und Wendigkeit den Umgang mit Grenzen bedenkt, aber an einer bestimmten Grenze beharrlich haltmacht. Für ihn bedeutet Fremdreferenz eine zeitlich verschobene Selbstreferenz. Jede Beobachtung, die etwas bezeichnet und es damit von anderem unterscheidet, kann selbst wieder zum Gegenstand einer eigenen oder fremden Beobachtung gemacht werden. Fremd bleibt einzig die *operatio pura* des Beobachters, die von Ferne an den *actus purus* der aristotelischen Theologie erinnert. Der blinde Fleck der Beobachtung wird nicht getilgt, doch wandert er von einer systemischen Position zur anderen. Im Gegensatz zu einer kommunikativen Vernunft, die das Fremde immer schon in ein Gemeinsames einbezieht, läßt die systemische Vernunft Raum für Fremdheiten. Doch diese bedeuten nichts weiter als *ausgeschlossene, unter bestimmten Bedingungen (wieder-)einschließbare Möglichkeiten.* Solche Fremdheiten markieren lediglich Grenzen des Könnens, Grenzen eines eigenen, eines gemeinsamen oder eines operativen Könnens. So behält der Selbstbezug letztlich den Primat, auch wenn die Selbstverfügung auf deutliche Grenzen stößt. Dieser Primat wird in sein pures Gegenteil verkehrt, wenn das Selbst sich einer fremden Macht unterwirft und damit dem Fremden zur unumschränkten Herrschaft verhilft. Es sieht so aus, als wären die beiden Extreme einer *funktionalistischen Verkennung* und einer *fundamentalistischen Verklärung* des Fremden dazu angetan, einander hochzutreiben. Das flüchtige Spiel mit den Möglichkeiten fände dann seinen erneuten Widerpart in einer kompakten Wirklichkeit, wie es sich schon in Musils Kakanien andeutet. Moralbeobachter und Moralisten geben einander viel zu tun, da jeder darauf aus ist, dem anderen in den Rücken zu fallen. Der Moralbeobachter wird an seine Beobachtungsmoral erinnert, der Moralist auf seine verborgene Amoralität verwiesen. Auch dies verheißt einen Dauerstreit, der sich an Gegenständen wie dem Mahnmal für Holocaust-Opfer überlaut erproben kann.

Ist dies alles? Lassen die Grenzen der Ordnungen nichts weiter zu als eine Antithese, als eine polemische Komplementarität von Selbstbezug und Fremdbezug? Eine Alternative, die der zweiten Form von Fremdbezug entspricht, böte sich an mit dem Rückgang auf einen *Selbstbezug im Fremdbezug*, mit einer neuen Art von Responsivität, die es erlaubt, die Unausweichlichkeit von Ansprüchen mit der Erfindung eigener Antworten zusammenzudenken. Wie sich im folgenden zeigen wird, kann besagte Un-möglichkeit nämlich auch auf fremde Ansprüche zurückgehen, die unsere eigenen Absichten und Wünsche durchkreuzen und gemeinsame Regelungen durchbrechen. Der Widerstand des Fremden rührt daher, daß es für das, was sich der Ordnung entzieht, kein Äquivalent gibt, auch kein moralisches. Fremdes bleibt für jede Ordnung ein Fremdkörper.

II. Zwischen Pathos und Response

Wenn wir davon ausgehen, daß Fremdes die Grenzen einer jeglichen Ordnung übersteigt, so stellt sich die Frage, wie eine Erfahrung aussieht, in der sich ein solcher Überstieg vollzieht. Es ist nicht zu erwarten, daß eine Kombination aus Sinn und Regel, aus intentionalen und regelgeleiteten Akten eines Subjekts mitsamt der konsensuellen Abstimmung zwischen verschiedenen Subjekten den Herausforderungen des Fremden gewachsen ist. Die Alternative, die wir im Auge haben, liegt in einer pathisch grundierten und responsiv ausgerichteten Form von Phänomenologie, mit der wir allerdings an den Grundfesten einer auf bloße Sinnauslegung bedachten Phänomenologie und Hermeneutik rütteln.

1. Im Reich des Sinnes

Ähnlich wie Freud das Unbewußte als das erste Schibboleth der Psychoanalyse anführt, könnte man die Intentionalität als das Schibboleth der Phänomenologie bezeichnen. In ihrer prägnanten Form bedeutet Intentionalität, daß sich *etwas als etwas* zeigt,[1] daß etwas in einem bestimmten Sinn und in einer bestimmten Weise gemeint, gegeben, gedeutet, verstanden oder behandelt wird, nämlich als frisches Grün, als Blutfleck, als Erdbeergeschmack, als Tisch, als geflügelter Pegasus, als arabische Zahl, als Liebesbrief, als Schreibprogramm, als fiebrige Entzündung, als Attentat, als Terrorakt und so fort. Die Formel *etwas als etwas* besagt, daß etwas (Wirkliches, Mögliches oder auch Unmög-

---

1 Das besagte ›als‹ kennen wir aus anderen Sprachen als ἧ, *qua, as, comme* oder *come*.

liches) mit etwas (einem Sinn, einer Bedeutung) verbunden und zugleich von ihm geschieden ist. Wirklichkeit und Sinn lassen sich nicht gegeneinander aufrechnen wie Merkmale oder Werte. Wie eine Fuge, die Unverbundenes verbindet, markiert das winzige Als einen gebrochenen Zusammenhang. Merleau-Ponty spricht gern von Angelpunkt, Scharnier oder Falte, um den Auftritt von Sinn und Gestalt zu kennzeichnen. Das Als bildet keine dritte Entität, die sich zwischen zwei anfängliche Realitäten schiebt, von denen die eine real, die andere ideal oder die eine physisch, die andere psychisch wäre, sondern es markiert ein dynamisches Gefüge, ohne welches es buchstäblich nichts gäbe, was sich zeigt, und somit auch niemanden, dem sich etwas zeigt. Nichts ist gegeben, ohne *als solches* gegeben zu sein, und niemand läßt sich darauf ein, ohne sich *als jemand* zu verhalten. In Anlehnung an den bedeutungsgenerierenden Aspekt dieses Differenzierungsgeschehens habe ich selbst wiederholt von einer *signifikativen Differenz* gesprochen. Gemessen an dem grundlegenden Charakter dieses Differenzierungsgeschehens erscheint der Rekurs auf bedeutungsverleihende Akte bereits als eine bestimmte Interpretation. Die Tatsache, daß mir ein Zettel an der Tür, ein falscher Zungenschlag oder ein seltsames Maschinengeräusch auffällt, hat noch nichts von einem Akt, den ich mir zuschreibe.

Hält man an dem genuin differentiellen Charakter der Bedeutungslehre fest, so ergeben sich nicht nur Verbindungen quer durch die verschiedenen Spielarten der Phänomenologie, sondern auch Bezüge zur Hermeneutik des Daseins, zur Auslegung von Traditionen und Texten, zu semiotischen Ansätzen und nicht zuletzt zur analytischen Philosophie im Gefolge von Frege und Wittgenstein. Gemessen daran verliert der von Ernst Tugendhat behauptete Paradigmenwechsel von der Bewußtseinsphilosophie zur Semantik, was die Phänomenologie angeht, an Plausibilität. Hinter den genannten Varianten zeichnet sich bei allen Differenzen und Diskrepanzen etwas Gemeinsames ab, das sich zu einer Philosophie des Sinnes verdichtet. Diese läßt herkömmliche erkenntnistheoretische Streitigkeiten wie die zwischen Realismus und Idealismus ins Leere laufen und macht dem Tauziehen zwischen Subjekt und Objekt ein Ende. Die seit John Locke unaufhörlich herangezogene Sonderung in Außen- und Innenwelt, die zur Ergänzung einer dritten Welt der Ideen bedarf, erweist sich als eine Konstruktion, die den Boden der Erfahrung verläßt, bevor sie ihn gefunden hat. Eine intentional verfaßte Erfahrung spielt sich weder innen noch außen ab. Auch die Sonderung in empirische Daten und allgemeine Ideen wird unterlaufen. Als Sinn- und Gestaltbildung ist die Erfahrung von Anfang an auf dem Weg der Verallgemeinerung, ohne sich auf eine Basis von Daten zu stützen. Das Als und das Wie, das der Intentionalität inhäriert, bedeutet Wiederholbarkeit, eine Idealität also in einem genetischen und operativen Sinne, jeder möglichen eidetischen oder kategorialen Anschauung vorweg. Mit anderen Worten, eine intentional und differentiell angelegte Erfahrung vollführt eine Vielzahl horizontaler und vertikaler Vermittlungen, ohne sich auf eine fertige Vernunft bzw. auf ein steuerndes Subjekt zu verlassen. Vernunft und Subjekt durchlaufen selbst eine Genese. Die Phänomenologie, die mit dem Begriff des Sinn- und Erfahrungshorizontes einen Grenzbegriff par excellence einsetzt, arbeitet auf ihre Weise an der Frage, wie man Grenzen beschreibt und überschreitet, ohne sie aufzuheben.

Das Denken in und an den Grenzen der Erfahrung, von dem schon im Eingangskapitel die Rede war, entspringt ebenfalls dem Grundansatz, den wir als Schibboleth der Phänomenologie bezeichnet haben; denn es bedarf nur einer kleinen Wendung, um das *etwas als etwas* mit dem Koeffizienten der Kontingenz zu versehen. Daß etwas als etwas erscheint, besagt eo ipso, daß etwas *so und nicht vielmehr anders* erscheint. Jeder Sinn, der sich als Verweisungszusammenhang ausbreitet, ist – gestalttheoretisch gesprochen – ein bevorzugter Sinn. Eine Pflanze wird als Heilkraut verwendet oder als Unkraut abgetan; ein Messer dient als Eßgerät oder als Waffe; eine Geldzuwendung wird als Spende oder als Bestechung bewertet; ein Ausländer wird als Asylbewerber behandelt oder als illegaler Einwanderer. Dem Sinn haftet, wie schon Nietzsche betont, eine unaufhebbare und stets auch konfliktträchtige Perspektivität an. Es gibt Sinn, aber nicht einen einzigen Sinn; Sinn entfaltet sich auf dem Hintergrund von Nicht-Sinn, wie Merleau-Ponty in seiner *Phänomenologie der Wahrnehmung* zeigt (frz. S. 342, dt. S. 344). Damit nimmt die Phänomenologie (wie auch die Hermeneutik) einen durchgehend okkasionellen Zug an. Die Origo des Hier-Jetzt-Ich-Systems, die Karl Bühler – inspiriert durch Husserls *Logische Untersuchungen* – zum Angelpunkt seiner *Sprachtheorie* macht, stellt kein Prinzipiengefüge dar, es bildet vielmehr ein Feld, ein Zeigfeld nämlich, in dem das Symbolfeld mit seinen Kontexterweiterungen und Dekontextualisierungen verankert ist. Dieser Okkasionalität lassen sich über alle alltäglichen Sinnkonstellationen hinaus durchaus historische Züge entlocken, die auf epochale Veränderungen verweisen. Auch jene Ereignisse, die man im Anschluß an Husserl und Heidegger als Stiftungen zu bezeichnen pflegt, sei es die Geburt der Tragödie, die der Demokratie oder die der Geometrie, haben ihren Kairos, ihre Inkubations- und ihre Entscheidungsphasen, deren Ablauf sich nicht teleologisch gängeln läßt, selbst wenn die Nähe des Sinnbegriffs zum alten Ziel- oder Zweckbegriff immer wieder zu entsprechenden Versuchen verführt.

Aufs Ganze hin betrachtet sehe ich keinen Grund, diese fruchtbare Perspektive aufzukündigen und sie schlichtweg durch eine andere zu ersetzen. Ein solcher Versuch, der einem herkömmlichen Prinzipien- oder Methodenstreit entspräche, wäre reichlich naiv. Man kann die Sinnorientierung, die den verschiedenen Theorien des Meinens, des Verstehens und des Sichverständigens zugrunde liegt und die selbst in systemtheoretischen Ansätzen eine Rolle spielt, nicht überspringen, ohne sich selbst mundtot zu machen. Doch was nicht überspringbar ist, ist damit nicht auch schon unhintergehbar und gegen Unterwanderungen gefeit, und was für Sinnbildungen gilt, gilt a fortiori für diskursiv verankerte Geltungsansprüche, kraft deren Sinnbildungen normativ gefiltert werden. Es geht hierbei nirgends um abrupte Entgegensetzungen oder um bloße Ergänzungen, sondern wir haben es mit Verschiebungen zu tun, deren nachhaltige Wirkungen sich wie bei einem Farbgemälde in Nuancen bekunden.

2. Abgründe des Pathischen

Die Infragestellung der Intentionalität muß von dieser selbst ausgehen, man kann sich ihrem Zugriff ähnlich wie dem des Verstehens oder der Verständigung nur zu entwinden trachten. Eine direkte Konfrontation hätte zur Folge, daß man auf schlechterdings sinn- und normenfreie Gegebenheiten verfiele und so täte, als gäbe es *etwas*, das von Sinn- und Normvorgaben völlig verschont bliebe. Die Annahme eines solchen Etwas würde alsbald von den Sinnesnetzen eingeholt und in Argumentationsketten gelegt. Doch wie es sich in der gewählten Grundformel bereits andeutet, öffnen sich Abwege besonderer Art, sobald wir das Sinngeschehen näher betrachten. Daß etwas *als etwas* erscheint, bedeutet eben nicht, daß es *etwas ist*. Es *wird zu etwas*, indem es einen Sinn empfängt und damit sagbar, traktierbar, wiederholbar wird. Es genügt nicht, von einer Genese des Sinnes auszugehen, als würde lediglich etwas aus den Schächten der Erfahrung ans Licht treten, es handelt sich vielmehr um eine Umsetzung in Sinn, eine Sinngewinnung, ähnlich wie man von Energiegewinnung spricht. Bei dieser Heterogenese, durch die auch die Heteronomie in ein anderes Licht rückt, kommt etwas ins Spiel, das nicht schon einen Sinn hat, und es fragt sich dann, wie sich dieses Heteron als solches fassen läßt.

Um diese Frage ins helle Licht zu rücken, sei eine Szene eingeblendet, die sich bei Robert Musil findet, einem Autor, der nicht nur Ernst Mach nahestand und sich von Nietzsche inspirieren ließ, sondern sich auch beim frühen Husserl umschaute. Gleich in der Eingangspassage vom *Mann ohne Eigenschaften* wird ein Wiener Passantenpaar eingeführt als Zeuge eines Geschehens, das wir *als Verkehrsunfall* zu beschreiben gewohnt sind, so wie wir bestimmte meteorologische Vorgänge, die sich nach Luftdruck, Luftfeuchtigkeit und Sonnenstand bemessen, *als einen schönen Augusttag* zu bezeichnen pflegen. Doch dies ist nicht von Anfang an so. Es tauchen Klippen auf, an denen sich der Ereignisfluß bricht. Alles beginnt mit einem »Auflauf«, also mit einer gestauten Bewegung: Etwas war »aus der Reihe gesprungen, eine quer schlagende Bewegung; etwas hatte sich gedreht, war seitwärts gerutscht, ein schwerer, jäh gebremster Lastwagen war es, wie sich jetzt zeigte, wo er, mit einem Rad auf der Bordschwelle, gestrandet dastand«. Daneben steht der Fahrer, »grau wie ein Packpapier«, und gibt seine Erklärungen ab. Die Blicke der Hinzukommenden sinken in die »Tiefe des Loches«, wo das Verkehrsopfer wie tot daliegt. Man wartet auf den Rettungswagen, jene »befugte Hilfe«, für die der Notfall den Regelfall darstellt. Derweil erklärt der neunmalkluge Begleiter seiner Begleiterin, was ein »zu langer Bremsweg« ist. Diese nimmt die Erklärungen dankbar entgegen; »es genügte ihr, daß damit dieser gräßliche Vorgang in irgend eine Ordnung gebracht war und zu einem technischen Problem wurde, das sie nicht mehr unmittelbar anging«. Dafür sind die »sozialen Einrichtungen« zuständig, die mit bewundernswerter Akkuratesse ihre Dienste verrichten. »Man ging fast mit dem berechtigten Eindruck davon, daß sich ein gesetzliches und ordnungsgemäßes Ereignis vollzogen habe.« Der Kommentar des wortführenden Passanten und die Reaktion seiner Begleiterin bestätigen diesen Eindruck. »›Nach den amerikanischen Statistiken‹, so bemerkte der Herr, ›werden dort jährlich durch Autos 190 000 Personen getötet und 450 000 verletzt.‹ ›Meinen Sie, daß er tot ist?‹ fragte seine Begleiterin und hatte noch immer das unberechtigte Gefühl, etwas Besonderes erlebt zu haben.«

Die alltäglich-unalltägliche Begebenheit, die damit ihr Ende findet, zeigt, wie ein Unglücksfall sich in einen statistischen Normalfall verwandelt, in ein »ordnungsgemäßes« und also sinnhaftes und regelförmiges Ereignis, das als affektiven Mehrwert ein subjektives Gefühl hinterläßt. Angesichts der zunehmenden Anonymisierung des scheinbar Eigensten nimmt dieses Gefühl sich wie ein privates Relikt aus, und irgendwann enden wir, wie Musil prognostiziert, bei »Erlebnissen ohne den, der sie hat« (S. 150). Natürlich könnte man dieses Vorspiel, das den Gang durch Kakanien eröffnet, mit den Mitteln eines Foucault oder eines Luhmann weiter ausspinnen, indem man das plurifunktionale System, das wir Gesellschaft nennen, mit all seinen Sinnagenturen zum Zuge kommen ließe. Dabei würden wir auf diverse Codes und Leitdifferenzen stoßen, sei es in der medizinischen Begutachtung, in der gerichtlichen Tatbestandsaufnahme und Handlungsbeurteilung, in der Einschaltung von Versicherungsagenturen, sei es in der je nach Öffentlichkeitswert von Opfer oder Täter variierenden medialen Verwertung, die dem tödlichen Unfall der Prinzessin mehr Aufmerksamkeit schenkt als dem ihres Chauffeurs. Schließlich bliebe die literarische Darstellung selbst, die – gemäß dieser arbeitsteiligen Sinnproduktion – daraus einen ästhetischen Mehrwert schöpft, nicht zu vergessen unsere eigene phänomenologische Ausbeute. Damit wäre der Stromkreis des Sinnes geschlossen.

Freilich mokiert schon Husserl sich in der *Krisis* über jene, die den Beruf des Phänomenologen mit dem des sprichwörtlichen Schusters gleichsetzen, der bei seinem Leisten bleibt (Hua VI, 140), und man könnte abermals Musil zitieren, der durch den Mund seines Protagonisten spöttisch bemerkt, man habe »für hochfliegende Gedanken eine Geflügelfarm geschaffen, die man Philosophie, Theologie oder Literatur nennt« (S. 358). Doch man sollte die Berufsaufteilung nicht gleich hehren Menschheitszielen opfern, auch Husserl und Musil tun dies nicht, ganz zu schweigen von Max Weber. Es könnte ja durchaus sein, daß der Philosoph und mit ihm der Phänomenologe ebenfalls bestimmten Berufsanforderungen unterworfen ist, allerdings sollte er imstande und bereit sein, die Professionalisierung auf exemplarische Weise mit zu bedenken. Musil wird als literarischer Autor dieser Aufgabe gerecht, indem er nicht einfach einen Unglücksfall erzählt und die Anteilnahme seiner Leserschaft weckt, sondern uns jene Sinnumsetzung vor Augen führt, die ein sinnhaftes Ereignis zustande kommen läßt. Es gibt da etwas, das – gehörig zurechtgemacht und präpariert – am Ende in die Ressorts der verschiedenen »Sinnprovinzen« hineinpaßt. Doch wie taucht ebendieses Ich-weiß-nicht-was auf, das sich so bereitwillig als dieses oder jenes darstellen läßt? Es taucht auf als überraschendes Ereignis, das gleich dem *corpus delicti* »aus der Reihe springt«, das »quer« steht zum gewohnten Gang der Dinge, das Aufmerksamkeit erregt, Neugierige anlockt wie Bienen, die Sehlust anstachelt, Sehende in Voyeurs verwandelt, nachdem es dem Opfer in seiner »Unachtsamkeit« zugestoßen ist.

Der Unglücksfall, von dem dieser Romantext berichtet, steht prototypisch für all das, was uns einfällt, auffällt, was sich aufdrängt, uns anlockt, abschreckt, auffordert, was uns verletzt, uns zu denken gibt und uns im äußersten Fall als »denkendes Schilfrohr« vernichtet. Natürlich könnte man an dieser Stelle die Phänomenologie der Aufmerksamkeit ins Feld führen, von der in einem späteren Kapitel eigens die Rede ist. Doch was haben wir unter Aufmerksamkeit zu verstehen? Hat Aufmerksamkeit einen Sinn, ist die Attention nur eine selektive Form der Intention? Dies träfe nur dann zu, wenn man die Aufmerksamkeit voluntaristisch verengen oder sie mit einem Scheinwerfer gleichsetzen würde, der ins Licht rückt, was im Dunklen schon auf unseren Blick wartet. Doch Auffallen und Einfallen sind keine Akte, die man vollzieht oder unterläßt. Auffälliges überkommt uns in Form leichter und harmlos aussehender Ablenkungen, aber eben auch in der spektakulären Form heftiger Störungen und Gefährdungen wie im Falle unseres Verkehrsopfer, das – vorausgesetzt, es war nicht lebensmüde – seinen Intentionen nachging und grausam aus ihnen herausgerissen wurde. Für Ereignisse, die nicht als abrufbares Etwas auftreten, als warteten sie bloß auf unser Stichwort oder auf unseren Tastenbefehl, die uns vielmehr widerfahren, zustoßen, zufallen, uns überkommen, überraschen, überfallen, scheint mir das alte Wort ›Pathos‹ angebracht, das in dem sprichwörtlichen πάθει μάθος ein Lernen durch Leiden, nicht aber ein Erlernen des Leidens verheißt.[2] Eine solche Sichtweise befreit uns von all dem Plunder subjektiver, privater Gefühlszustände, die einer »ergänzenden Abstraktion« entstammen (Hua VI, 231) und dazu dienen, in Gestalt psychischer Daten wettzumachen, was uns bei der Reduktion der Welt auf physische Daten abhanden gekommen ist. Doch zwei Abstraktionen ergeben vereint keine Konkretion, weil das Medium fehlt, in dem sie ›zusammenwachsen‹ könnten. Das Motiv des Pathos, an dem solche Kompensationsbemühungen abprallen, läßt sich andererseits mit der herkömmlichen Sprache der Affekte und Affektionen in Zusammenhang bringen, doch nur dann, wenn das An- der Af-fekte und Af-fektionen als eine Form des Antuns, des Angehens, des Anrufs zum Klingen gebracht

---

2 Auch die alte Lehre von der Katharsis wäre erneut zu befragen, unabhängig davon, ob man die Katharsis als Reinigung *der* Affekte oder als Reinigung *von* Affekten versteht. Der halb medizinisch, halb moralisch gefaßte Prozeß, der früher einmal ›Läuterung‹ hieß und der heutzutage ›Verarbeitung‹ heißt, läuft allzu leicht auf eine affektiv herbeigeführte Regelung des Pathischen hinaus.

wird, wie es andeutungsweise schon bei Husserl, Scheler und Heidegger geschieht.

Pathos bedeutet nicht, daß es *etwas* gibt, das auf uns einwirkt, es bedeutet aber ebensowenig, daß etwas *als etwas* verstanden und gedeutet wird. Es bedeutet zugleich weniger und mehr als das, es entzieht sich der Alternative von Kausalität und Intentionalität in all ihren traditionellen Formen.[3] Würden wir auf bloße Kausalität setzen, so würden wir aus der Beobachterperspektive urteilen gleich dem Polizisten, der eine Blutprobe abnimmt, oder gleich dem Arzt, der Krankheitskeime entdeckt, Ansteckungsgefahren bekämpft und Todesursachen feststellt. Würden wir uns umgekehrt auf reine Prozesse des Auffassens, des Verstehens und Deutens verlassen, so befänden wir uns bereits auf der Ebene der sinnhaften Verarbeitung von Erfahrung mit der Folge, daß die Bruchstellen der Erfahrung durch Sinndeutung übertüncht würden. Pathos bedeutet, daß wir *von etwas* getroffen sind, und zwar derart, daß dieses Wovon weder in einem vorgängigen Was fundiert, noch in einem nachträglich erzielten Wozu aufgehoben ist. Dabei sind durchaus verschiedene Formen des Pathos zu unterscheiden, solche episodischer und chronischer Art, solche, die auf ›vulkanische‹, und solche, die auf ›neptunische‹ Weise wirken. Hinzu kommen verschiedene Intensitätsgrade; als Leidenschaft erreicht das Pathos eine Form der Steigerung, die alles in Mitleidenschaft zieht. Den Gegensatz zum Pathos bildet nicht die Sinnwidrigkeit und auch nicht die Sinnlosigkeit im geläufigen Sinne, die aus enttäuschten Erwartungen erwächst, sondern die Apathie, die Indifferenz, wo es nicht mehr darauf ankommt, ob dieses oder jenes geschieht, wo alles in die Monotonie der Gleich-gültigkeit

---

3 Daß Intentionalität und Kausalität nicht durch einen Graben voneinander getrennt sind, war mir schon zeitig klar (vgl. *Der Spielraum des Verhaltens*, 1980, Kap. 4). Es hat nur einige Zeit gebraucht, um den Wirkungsbegriff hinreichend zu differenzieren.

versinkt wie im Falle von Dostojewskis lächerlichem Menschen, dem selbst der Griff nach dem Revolver noch zuviel des Aufwandes bedeutet. Wie vor ihm schon Leibniz greift Husserl in ähnlichen Fällen auf die Metapher des Schlafes zurück; wo das »affektive Relief« (Hua XI, 168) eingeebnet wird, versinkt die Erfahrung im Schlaf. Man könnte sich fragen, ob nicht die Schlafmetapher den Lebensschwund noch zu sehr verharmlost. Schon Platon geht einen Schritt weiter, indem er die völlige Apathie mit der Bedürfnislosigkeit eines Steins vergleicht (*Gorgias* 492 e).

3. Patient und Respondent

Das Pathos, in dem uns etwas zustößt, bringt eine Reihe allzu geläufiger Distinktionen aus dem Gleis. Das betrifft zunächst die Unterscheidung von Subjekt und Objekt, von objektivem Vorkommnis und subjektivem Akt. Nehmen wir das klassische Beispiel von Lust und Schmerz. Dies sind keine Zustände oder Ereignisse, die sich Dingen in der Welt zuschreiben ließen. Schmerzen ohne jemanden, der sie spürt, sind nur als pathologische Spaltprodukte denkbar, und selbst sie setzen einen minimalen Zusammenhang voraus zwischen dem Patienten und seinem ihm entfremdeten Körperzustand. Lust und Schmerz sind aber auch keine subjektiven Akte, für die der Leidende verantwortlich ist, die ihm als eigene Leistung zugerechnet werden können und die in einen Verständigungshorizont eingebettet sind. Das Pathos ist ein Ereignis, aber ein Ereignis besonderer Art, das *jemandem* zustößt. Der oder die Betroffene tritt im Dativ auf, in einem »Adressendativ«, wie Bühler (1982, § 15) diesen Kasus nennt, nicht aber im Nominativ des Täters; *mir* widerfährt etwas, zu dem *ich* mich so oder so verhalte, und *dir* geschieht Entsprechendes. Dieses *Wovon* des Getroffenseins verwandelt sich in das *Worauf* des Antwortens, indem jemand sich redend und handelnd darauf bezieht, es abwehrt, begrüßt und zur Sprache bringt. Die Fähigkeit, »zu sagen, was ich leide«, die der Dichter auf emphatische Weise als Gabe eines Gottes deklariert, steht auch im alltäglichen Leben für ein Sagen besonderer Art. Es handelt sich um ein Reden und auch um ein Tun, das nicht bei sich selbst, sondern anderswo beginnt und deswegen stets Züge einer fremden Eingebung an sich trägt. Die Eigenheit, ohne die niemand er oder sie selbst wäre, verdankt sich dem Eingehen auf Fremdes, das sich uns entzieht. Eben dies bezeichne ich als Antworten, als Response. Die Instanz, die in der Moderne den Titel ›Subjekt‹ trägt, tritt vorweg als Patient und als Respondent auf, also in der Weise, daß ich beteiligt bin, aber nicht als Initiator, sondern als jemand, der buchstäblich bestimmten Erfahrungen unterworfen ist, als Subjekt in jenem unüblichen Wortsinn, den Lacan und Levinas sich zunutze machen. So wie das Pathos diesseits der Intentionalität, so ist unsere Response jenseits der Intentionalität anzusetzen. Die Responsivität geht über jede Intentionalität hinaus, da das Eingehen auf das, was uns zustößt, sich nicht in der Sinnhaftigkeit, Verständlichkeit oder Wahrheit dessen erschöpft, was wir zur Antwort geben. All dies beschränkt sich nicht auf den affektiven Hintergrund unserer kognitiven und praktischen Verhaltensweisen, es betrifft diese selbst in ihrem Kern in Anbetracht dessen, daß nichts Neues im Alltag, in der Politik wie auch in Kunst, Wissenschaft und Philosophie ans Licht tritt, ohne daß uns etwas ein- oder auffällt, daß uns etwas ›dämmert‹. Selbst die Historie lebt davon, daß Erinnerungen geweckt und nicht bloß gespeichert und verarbeitet werden wie eingespeiste Daten. Das Prestige von Computern und Robotern wächst, je mehr man Kognitionen und Praktiken sozusagen desaffektioniert, sie abkühlt oder einfriert und auf Leistungen beschränkt, bei denen es gleichgültig ist, wer sie erbringt. Af-fekte, die stets einen dysfunktionalen Sprengstoff in sich bergen, verwandeln sich dann in einen Treibstoff, den man nach Belieben tanken und verbrauchen kann. Dies erlaubt schließlich den Bau von Gefühlsmaschinen wie Dieter Dörners Maschine EMO, denen man frei nach Musil Gemütsbewegungen ohne Gemüt zuschreiben kann.[4] Natürlich wäre es lächerlich, wollte man Maschinen zum Vorwurf machen, was zum Umgang mit Maschinen gehört.

4. Diesseits von Gut und Böse

Eine weitere Distinktion, die ins Wanken kommt, ist die zwischen Tatsachen- und Rechtsfragen, zwischen Sein und Sollen oder auch die zwischen Sein und Wert. Was uns zustößt und in den wechselnden Farben des Erschreckenden, Verwunderlichen, Verlockenden oder Beunruhigenden seine Wirkung entfaltet, ist weder eine Tatsache, die wir registrieren, noch unterliegt es einer Norm, der wir zu folgen haben, noch stellt es einen Wert oder Unwert dar, der aus unserer Einschätzung erwächst. Jede Rechtfertigung, Billigung oder Bewertung käme zu spät; denn es handelt sich um etwas, von dem wir nolens volens ausgehen und immer schon ausgegangen sind, wenn wir zustimmend oder ablehnend, unterstreichend oder durchstreichend dazu Stellung nehmen. Darin erweist sich der geschilderte Unglücksfall abermals als paradigmatisch. Er überrascht alle Beteiligten, auch wenn alsbald die gewohnten Verarbeitungs- und Abwehrmaßnahmen einsetzen und schließlich nur noch statistischer Flugsand zurückbleibt. Morali-

4 Allerdings ist hinzuweisen auf die wachsende Bedeutung, die Emotionen sowohl in der Psychologie wie in der Neurophysiologie zurückgewonnen haben, nachdem sie lange Zeit im Schatten von Kognitionen standen, die der Verarbeitung durch den Computer stärker entgegenkommen. Hubert Dreyfus hat in dieser Debatte schon seit langem phänomenologische Gesichtspunkte ins Feld geführt, die der leiblichen Situierung, der leiblichen Eingewöhnung und dem impliziten Wissen stärkeren Kredit einräumen, als Regelmodelle es tun.

sierer tun so, als ließe sich das, was jemand tut, gänzlich absondern von dem, was jemandem geschieht. Daraus entsteht die Neigung, das Leiden durch Schuldfragen zu ersticken. Das beginnt schon bei Hiob, der die Vorwürfe seiner Freunde abzuwehren hat wie lästige Fliegen. Das Problem liegt weniger darin, ob die Argumentierenden recht haben, als vielmehr darin, daß sie auch bestenfalls *nur* recht haben. Was uns widerfährt, zeigt im Großen wie im Kleinen, im Erfreulichen wie ihm Betrüblichen und Entsetzlichen eine Form der Unausweichlichkeit, die bei den Griechen Tyche heißt und die in Nietzsches *amor fati* eine antimoralistische Steigerung erfährt.

Husserl hat die vorprädikativen Prozesse der Erfahrung mit besonderem Vorzug bedacht, weil hier eine Ordnung der Dinge im Entstehen ist, noch vor allem ausdrücklichen Ja und Nein. Ebenso müssen wir von pränormativen Vorgängen ausgehen, die keineswegs einer bloßen »Welterschließung«, also einer Eröffnung von Sinnmöglichkeiten zuzurechnen sind, sondern die uns ansprechen und angehen. Es sind Vorgänge, die den normativen Stellungnahmen eine Handhabe bieten, ohne sich ihrerseits auf sie zu stützen. Wer überhört und übersieht, was sich hier und jetzt ankündigt, bleibt nicht bloß hinter seinen eigenen Möglichkeiten zurück, sondern hinter fremden Ansprüchen. Man entzieht sich moralischen Herausforderungen am geschicktesten, indem man Situationen meidet, in denen sie auftreten können. Der besagte Unglücksfall nimmt sich vergleichsweise harmlos aus, weil keiner der zufällig Vorbeikommenden sonderlich gefordert scheint. Doch das ist nicht immer so, und auf gewisse Weise ist es nie so, weil selbst der »unbeteiligte Zuschauer« notfalls wegen der Unterlassung von Hilfeleistungen belangt werden kann. Die Sicht- und Denkweise, die sich hier ankündigt, erhält ihr gehöriges Gewicht erst dann, wenn man die Passivität der von Husserl so genannten passiven Synthesen nicht als bloße Vor- oder Unterstufe aktiver Sinnbildungen versteht, sondern als eine radikale Form der »Urpassivität«, die der Af-fektion entspringt und insofern stets »Ichfremdes« ins Spiel bringt, wenn man sie also einer Erfahrung zuschreibt, die aus dem Widerfahrnis hervorgeht. Dies führt zu einem Punkt, wo Ereignisse auftreten, für die sich keine zureichenden Möglichkeitsbedingungen angeben lassen. Dies gilt für alle Stiftungen, die einen Sinnbereich eröffnen, seien es wissenschaftliche Entdeckungen, künstlerische Neuerungen, politische und religiöse Reformen oder Umbrüche im philosophischen Denken. Daß die Entstehung von Ordnungen nachträglich im Ordnungsbestand mit vorkommt, besagt nicht, daß sie darin einen ausreichenden Rückhalt findet. Einschneidende Ereignisse finden sich schließlich nicht nur in der großen Geschichte, sondern auch im Alltag, wo sie uns in Form von *objets trouvés* und *personnes trouvées* überraschen und in den Einfällen des Witzes, des *jeu d'esprit*, ihr heimliches Spiel treiben. Schlüsselereignisse gleich welcher Art nötigen uns, dem Satz vom zureichenden Grund einen Satz vom unzureichenden Grund entgegenzusetzen, da sich von Fall zu Fall zeigen läßt, daß alle Begründungsversuche auf unüberwindliche Grenzen stoßen. Dies stellt uns vor die Frage, wie das, was sich der sachkundigen Beschreibung und Erklärung entzieht, gleichwohl in den Blick genommen und zur Sprache gebracht werden kann. Selbst das Schweigen darüber müßte beredt sein, wenn es aufschlußreich sein soll.

5. Zeitliche Diastase

Schwer auszurotten ist die Neigung, immer dann, wenn uns etwas zustößt, den einen Teil auf kausale Außeneinwirkungen, den anderen Teil auf spontane Freiheitsakte zurückzuführen, als ginge es auch hier um Amboß oder Hammer, um Leiden oder Triumphieren. Wenn es etwas gibt, das uns von dieser Alternative abbringt, so ist es die genuine Zeitlichkeit, die das Doppelgeschehen von Pathos und Response durch und durch prägt.

Nehmen wir nochmals das Beispiel des Verkehrsunfalls. Das Passantenpaar, das den Vorfall mit schönen Reden begleitet, kommt erst hinterdrein hinzu. »Schon einen Augenblick vorher war etwas aus der Reihe gesprungen«, so heißt es. Kamen die Zuschauer also zu spät? Wann hätten sie eintreffen sollen, um das Ereignis *in flagranti* zu erfassen? Hätten sie darauf warten sollen wie auf den Sonnenuntergang? Dann wäre im Grunde nichts Ungewohntes vorgefallen; das sprichwörtliche *nil novi sub sole* schlägt auf die Sonne selbst zurück, wenn die Gewohnheit siegt. Wie aber steht es mit dem Täter, der nach Erklärungen ringt, und wie mit dem Opfer, das durch seine Unachtsamkeit den Vorfall auslöste? Das Widerfahrnis zeichnet sich offensichtlich dadurch aus, daß es zu früh, die Response dadurch, daß sie zu spät kommt, aber zu früh und zu spät, gemessen woran? Gewiß nicht gemessen an dem Ereignis selbst, das gerade in dieser zeitlichen Verschiebung hervortritt und nirgends sonst. Die Zeitlichkeit, die hier in Frage steht, gerät erst gar nicht in den Blick, wenn wir uns vorweg auf einen dialogischen Boden begeben, wo eigene und fremde Beiträge mittels einer Reziprozität und Reversibilität von Standpunkten synchronisiert werden. Im Dialog kommt niemand und nichts zu spät, weil jeder Vorsprung aufgrund gemeinsamer Voraussetzungen aufgeholt werden kann.

Die zeitliche Verschiebung, die aus der Vorgängigkeit des Pathos und der Nachträglichkeit der Response erwächst und den homogenen Dialog in einen heterogenen Dia-log zerteilt, bezeichne ich als *Diastase*, das heißt als ein originäres Auseinandertreten, das zwar einen Zusammenhang erzeugt, aber einen gebrochenen. Vorgängiges Pathos und nachträgliche Response sind zusammenzudenken, aber über einen Spalt hinweg, der sich nicht schließt und der eben deshalb nach erfinderischen Antworten verlangt. Widerfahrnisse geben nicht nur zu denken, sie nötigen auch zu denken. Der fragliche Spalt ist für das Widerfahrnis ebenso konstitutiv wie die Perspektive für die Wahrnehmung, von der Husserl sagt, daß selbst ein wahrnehmender Gott ihr unterläge. Versucht man, das Spannungsverhältnis in die eine oder die andere Richtung aufzulösen, indem man das Pathos von der Response oder umgekehrt diese von jenem ablöst, so gerät man einerseits auf die Bahnen eines Fundamentalismus, andererseits auf die eines Konstruktivismus, wobei der eine Part jeweils aus der Minimierung seines Gegenparts Nutzen zieht. Doch eine Erfahrung, die mit Widerfahrnissen anhebt, verlangt nach einer anderen Sprache, auch nach einer anderen Logik. Wir haben hier den merkwürdigen Fall vor uns, daß die Wirkung *sub specie patientis* ihrer Ursache vorausgeht. Das lineare Zeitschema, das der Kausalitätsauffassung der klassischen Physik zugrunde liegt, versagt, wenn das Getroffensein nachträglich eine Geschichte erzeugt, indem es auf das Vergangene zurückstrahlt (vgl. Hua X, 54). Pathos und Response folgen nicht aufeinander wie zwei Ereignisse, es handelt sich überhaupt nicht um zwei Ereignisse, sondern um eine einzige gegenüber sich selbst verschobene Erfahrung, eben um eine genuine Zeitverschiebung. Diese Heterochronie läßt sich nicht durch eine Synchronisation beheben, denn diese setzt bereits eine zeitliche *distentio* voraus, die jede sinnhafte *intentio* zerdehnt. Der Geist des Pathos ist, mit Pascal zu sprechen, ein »hinkender Geist« oder, moderierter formuliert, ein sich verzögernder Geist. Eben deshalb begegnet uns das Pathos zunächst nicht als *etwas*, das wir meinen, verstehen, beurteilen, abwehren oder begrüßen, sondern es bildet den Zeit-Ort, *von dem aus* wir all dies tun, indem wir darauf antworten. All das, wovon ich getroffen bin und worauf ich antworte, hat als solches keinen Sinn und unterliegt keiner Regel. Das Bestehen auf einer richtigen Überraschung, auf einem berechtigten Staunen oder einer falschen Angst unterschöbe der Erfahrung Kriterien, die erst ihrer Verarbeitung entstammen. Eine Überraschung bleibt Überraschung,

Staunen bleibt Staunen, Angst bleibt Angst, es sei denn, wir hätten es nur mit Ignoranz, Naivität oder Phantasmen zu tun, die sich mit zunehmender Meisterung der Erfahrung in Nichts auflösen.

Gleichwohl rückt das, was eine Ordnung erschüttert, in diese Ordnung ein, indem es benannt, klassifiziert, datiert, lokalisiert und Erklärungen unterworfen wird. Dieses Re-entry, wie Systemtheoretiker es nennen, das mit zu den Wirkungen von Widerfahrnissen gehört und ihnen eine gewisse Dauer verleiht, führt uns Musil in seiner Schilderung deutlich vor Augen. Doch er tut mehr als das, er suspendiert diese Normalisierung, indem er ihr Wirken sichtbar macht, ihr leicht ironische Lichter aufsetzt und sie damit eines falschen Prestiges entkleidet. Wir erleben, wie das Ereignis hinter den ›Sinneskleidern‹ verschwindet und allmählich einen Sinn gewinnt, auch Sinneszinsen erbringt, mit denen sich gehörig wuchern läßt. Entscheidend ist dabei weniger der unpathetische Ton der Ironie als deren indirekte Vorgehensweise, die darauf hindeutet, daß das, was von dem Geschehenen gesagt und verstanden wird, nicht mit dem zusammenfällt, was geschehen ist. Das Pathos, das sich nicht in einem pathetischen Ausdruck erschöpft und nicht einmal auf ihn angewiesen ist, tritt uns entgegen als nie völlig zu verwertender Überschuß, als etwas, das als sinn- und ziellos zu bezeichnen ist, sofern es die Sinnesnetze zerreißt, das Regelwerk unterbricht und auf diese Weise das Ereignis dekontextualisiert. Un-mittelbar ist es nur, indem es Vermittlungen durchbricht. Um diese Einbrüche des Pathischen zu thematisieren, bedarf es einer responsiven Epoché bzw. einer responsiven Reduktion, mittels derer sinnhafte, regelgeleitete und geltungsrelevante Äußerungen zurückgeführt werden auf das, worauf sie antworten (vgl. *Antwortregister*, S. 195). Das Verschwinden des Sagens und Tuns in der Sinn- und Regelhaftigkeit des Gesagten und Getanen läßt sich nur aufhalten durch ein immer wieder neu einsetzendes Wiedersagen (*redire*) und Ent- oder Widersagen (*dédire*), das von

Levinas eingefordert wird (1974, S. 8 f., 197 f., dt. 34, 339).
Sinnkohärenz und Regelkanon werden also nicht übersprungen, sie werden durchbrochen durch den Aufweis dessen, was uns geschieht und was uns zu antworten nötigt.
Das Pathos, das traditionellerweise mit dem Alogischen,
Irrationalen in Verbindung gebracht wird, ist im Logos
selbst am Werk. Eine Genealogie der Logik oder der Moral,
die mehr sein will als Ideen- oder Sittengeschichte, kann es
nur geben, wenn der feste Boden des Gemeinsinns verlassen
wird, wenn Vernunft und Freiheit ihre Abgründigkeit zu-
rückerhalten. Für die Phänomenologie bedeutet dies, daß
sie sich immer wieder auch gegen sich selbst zu kehren
hat, um der Sinneseuphorie zu widerstehen, durch die sie
ähnlich wie andere Philosophien des Sinnes eingelullt zu
werden droht. Hier sehe ich ihre entscheidenden Probleme
und nicht in der inzwischen längst angestaubten Erbschaft
einer Bewußtseinsphilosophie, die Bewußtheit nur im Rahmen einer eigenständigen Bewußtseinsregion zu denken ver-
mag.

6. Bewährungsproben

Eine von Pathos und Response geprägte Phänomenologie
dürfte erwarten lassen, daß sie in gängigen Debatten eigene
Akzente setzt. Wie dies geschehen könnte, soll abschließend
anhand einiger prägnanter Probefälle stichwortartig vorge-
führt werden.

Die Gewalt in der persönlichen und in der kollektiven
Geschichte, die innerhalb der jüdisch-christlichen Tradition
unter dem Titel des Bösen verhandelt und in neueren Zeiten
allzu schnell einer allgemeinen Sinnfindung bzw. einer mo-
ralisch-rechtlichen Beurteilung zugeführt wird, rückt in ein
schärferes Licht, wenn man sie von vornherein als Pathos
begreift, als Verletzung, die jemandem zustößt und zugefügt
wird. Die Gewalt erscheint dann als ein Fremdkörper, der

vorhandene Sinngewebe aufreißt.[5] Dies bedeutet nicht, daß es da nichts zu begreifen, zu erklären, zu verstehen, zu beurteilen, wiedergutzumachen und zu verhindern gibt, doch der Brennpunkt all dieser Bemühungen bliebe einer Pseudorationalisierung und einer einseitigen Moralisierung entzogen. Selbst die Wiedergutmachung heilt nicht die »Narben der Geschichte«. Verletzungen nehmen extreme Formen an in der Traumatisierung, die alle Antwortversuche blockiert oder erstickt. Über alle Diskursverweigerung hinaus gibt es ein Verstummen, ein Versinken ins Schweigen, und wir verharmlosen das, was Erfahrung bedeutet, wenn wir solche Störungen der bloßen Zuständigkeit der Klinik überlassen. Im Feld der Traumatisierung begegnet uns jene Nachträglichkeit, jenes *après coup*, das für alles Pathische charakteristisch ist, in der pathologischen Form einer Fixierung auf das Widerfahrnis und einer entsprechenden Antwortblockade. An diesem Punkt trifft die Phänomenologie der Zeit auf die psychoanalytische Archäologie der Vorzeit. Schließlich bleibt auch die Geschichtsschreibung nicht von dieser Problematik verschont. Vergangenes wird vergessen, verdrängt, es bedarf der Weckung, bevor die archivarische, monumentalische oder moralische Erinnerungsarbeit ihr Werk tut und sich eine sogenannte Erinnerungskultur herausbildet. Nietzsche hat eindringlich darauf hingewiesen, wie sehr Schmerz und Gedächtnis, Erlittenes und Erinnertes zusammenhängen, und Jacob Burckhardts Mahnung, neben dem strebenden und handelnden auch den duldenden Menschen in die Geschichtsbetrachtung aufzunehmen, ist inzwischen fast zu einem öffentlichen Imperativ geworden, während in der Philosophie aus den verschiedensten Gründen der Aktivismus einseitiger Handlungstheorien bis heute den Ton angibt.

5 Ich verweise auf meine Überlegungen zu den »Aporien der Gewalt«, in: Dabag, Kapust, Waldenfels 2000.

Die bioethischen Debatten könnten eine andere Wende nehmen, wenn man im Falle von Geburt und Tod, aber auch bei lebensbeeinträchtigenden und lebensgefährdenden Erkrankungen von einem leiblichen Selbst ausginge, das seine Vor-, Nach- und Tiefengeschichte hat.[6] Dieses Selbst wäre von Anfang an mehr als ein Etwas, dem man bestimmte Merkmale beilegt, mehr aber auch als ein Jemand, dem man bestimmte Rollen, Rechte und Kapazitäten zuschreibt. Monströse Vorstellungen wie die eines mit Würde ausgestatteten Zellhaufens würden sich dann als Beispiel jener Doppelabstraktion entlarven, von der schon die Rede war. Was dem Selbst leiblich widerfährt, vervielfältigt sich in Widerfahrnissen von Widerfahrnissen, wenn wir den Anteil der Mitwelt in Betracht ziehen, den Anteil all jener, die in der Geburt Unerwartbares erwarten, im Falle des Todes Unerinnerbares betrauern und verabschieden. Ohne solche Vor- und Nachgeschichten mit all den Brüchen, die sich daraus ergeben, wäre das Leben in der Tat ein Machwerk, selbst wenn sich das Poiema autopoietisch potenziert. Die alte Bestimmung des Lebens als Selbstbewegung ist nicht unzutreffend, doch reicht sie nicht aus, um eine Selbstvorgängigkeit zu denken, die eine pathische Form von Heterokinese einschließt.

Die Debatte um das Fremde hat nur dann Aussicht, sich aus dem Hin und Her von Aneignung und Enteignung, von Vereinnahmung des Fremden und Auslieferung an das Fremde zu befreien, wenn das Fremde vom Pathos her gedacht wird als Beunruhigung, als Störung, als Getroffensein von etwas, das sich niemals dingfest und sinnfest machen läßt. Dies gilt für persönliche Verhältnisse so gut wie für den intra- und interkulturellen Austausch. Fremderfahrung beginnt weder mit dem guten noch mit dem bösen Willen, eben weil es jene Sinnerwartungen und Regelvorbehalte, von denen der Wille sich nährt, durchbricht. Pathos ist nicht

6 Vgl. ausführlich dazu *Bruchlinien der Erfahrung*, Kap. VIII, 11-13.

bloß das Unwillentliche, sondern das nicht Wollbare. Philosophisch betrachtet ist Fremdes etwas, das sich inmitten aller Ermöglichungen, seien sie persönlich-dispositioneller, historisch-kultureller oder auch transzendentaler Art, als Un-mögliches erweist, als Erschütterung oder Infragestellung vorhandener Möglichkeiten. Dies weist in die Richtung dessen, was sich schon bei Autoren wie Bergson und James als ›radikaler Empirismus‹ ankündigt und später auf recht verschiedene Weise bei Levinas und Deleuze zum Zuge kommt. So unentbehrlich die Frage nach den Möglichkeitsbedingungen der Erfahrung auch sein mag, einen Rettungsanker gegen die Wechselfälle der Erfahrung bietet sie nicht.

III. Antwort auf das Fremde

Die Frage nach der Art der Erfahrung, in der Fremdes auftritt, ist nicht zu trennen von der weiteren Frage, wie wir
diesem Fremden entgegenkommen. Dieser Frage entspricht
das Motiv der Responsivität, das ohne einen ethischen Ein-
schlag nicht zu denken ist. Eine responsive Ethik, die sich
von diesem Motiv leiten läßt, ist allerdings tiefer gelagert
als eine Philosophie der Moral, die sich vorweg auf Gebote, Rechte oder Werte beruft. Daß der fremde Anspruch
nicht gleichgültig ist wie eine Tatsache, die uns nichts angeht, besagt nicht, daß er von vornherein bestimmten Gel-
tungsmaßstäben unterworfen ist. Im Gegenteil, ohne ein
Moment der Amoral sinkt jede Moral zur Herdenmoral
herab.

1. Responsivität

Das Fremde, das uns in der Erfahrung begegnet, ist eine Art
Hyperphänomen, da es sich zeigt, indem es sich entzieht.
Demgemäß charakterisiert Husserl in den *Cartesianischen
Meditationen* (Hua I, 144) das Fremde als »bewährbare
Zugänglichkeit des original Unzugänglichen«, und in einem
seiner Bände *Zur Phänomenologie der Intersubjektivität*
(Hua XV, 631) spricht er auf ähnlich paradoxe Weise von
der »Zugänglichkeit in der eigentlichen Unzugänglichkeit,
im Modus der Unverständlichkeit«. Dem entspricht auf der
sozialen Ebene eine »Zugehörigkeit in der Unzugehörig-
keit«; wer zu einer Familie, zu einem Volk, zu einem Stand,
zu einer Religionsgemeinschaft oder zu einer Kultur gehört,
gehört niemals schlechterdings dazu. Ferne, Abwesenheit,
Distanz, auch Momente der Einsamkeit und der Ortlosig-
keit, auf die sich Phänomenologen in ihrer Analyse der
Fremderfahrung samt und sonders beziehen, bedeuten keine Beeinträchtigung dieser Erfahrung, sie gehören zu ihrer

Essenz. Die Einsicht, daß eine derart zu kennzeichnende Erfahrung des Fremden ebensowenig ein Defizit darstellt wie unsere Erfahrung des Vergangenen oder des Zukünftigen, gehört zum A und O jeder Phänomenologie des Fremden. Radikalität des Fremden besagt nicht, daß Fremdes ganz anders ist als das Eigene und Vertraute, es besagt aber sehr wohl, daß es weder aus Eigenem hergeleitet noch ins Allgemeine aufgehoben werden kann. Als etwas, das sich entzieht, ist das Fremde nicht nur ein Hyperphänomen, sondern auch ein Urphänomen gleich dem Phänomen des Kontrastes (vgl. Hua XI, 138). Eben deshalb hält sich die Fremderfahrung diesseits von Sinn und Regel, gemessen nämlich an dem Sinn, *woraufhin* wir etwas und uns selbst verstehen, und gemessen an den Regeln, *wonach* wir uns richten, wenn wir jemanden oder etwas auf diese oder jene Weise behandeln. Die geläufigen Grundzüge der *Intentionalität* und der *Regularität*, die zur Entstehung einer gemeinsamen Welt unabdingbar sind, werden durch die *Responsivität* nicht ersetzt, wohl aber überboten. Responsivität steht für eine ›Antwortlichkeit‹, die der Verantwortung für das, was wir tun und sagen, unwiderruflich vorauseilt.[1]

---

1 Die Ausdrücke *Responsivität* und *Response* habe ich der Medizin (namentlich Kurt Goldstein) und der nichtbehavioristischen Verhaltenspsychologie entlehnt (vgl. *In den Netzen der Lebenswelt*, 1985, S. 132 f.; *Antwortregister*, 1994, S. 457-461). Ein Pendant zur *Antwortlichkeit* findet sich bei Michail Bachtin, der in seiner Romantheorie den ungebräuchlichen Ausdruck *otvetnost'* benutzt (Bachtin 1979, S. 233), auf englisch wird er mit *answerability* wiedergegeben. Schließlich zeigt sich im Französischen eine besondere Nähe zwischen Antworten und Sichverantworten in der Redewendung *répondre de...*, die besagt, daß man sich für etwas oder für jemanden verantwortet. Levinas, aber auch Blanchot greifen diesen sprachlichen Faden auf. Ich verweise auf Kapitel 19 der *Deutsch-Französischen Gedankengänge*, das sich unter dem Titel »Antwort der Verantwortung« mit Levinas befaßt und das unter einem Motto von Blanchot steht: »Répondre de ce qui échappe à la responsabilité«.

Hier zeigen sich die Spuren einer anderen Phänomenologie, die nicht im Reich des Sinnes heimisch wird und deren
Logos Züge einer originären Heterologie aufweist. Der
Überschritt über die Sphäre eines intentional oder regelhaft
konstituierten Sinnes vollzieht sich im Antworten auf einen
*fremden Anspruch, der weder einen Sinn hat noch einer
Regel folgt*, der im Gegenteil geläufige Sinn- und Regel-
bildungen unterbricht und neue in Gang setzt. Das, *was*
ich antworte, verdankt seinen Sinn der Herausforderung
dessen, *worauf* ich antworte. Das Fremde, das aus einem
fremden Anspruch oder einem fremden Anblick zu uns
dringt, verliert diese seine Fremdheit, wenn die *responsive
Differenz* zwischen dem, worauf wir antworten, und dem,
was wir antworten, eingeebnet wird zugunsten eines intentionalen oder regelgeleiteten Sinngeschehens. Die responsive Differenz verschwindet dann hinter einer *signifikativen*
oder *hermeneutischen Differenz*, derzufolge etwas als etwas
aufgefaßt oder verstanden wird, und sie verschwindet hinter einer *regulativen Differenz*, derzufolge etwas gemäß
einer Norm behandelt wird. Das phänomenologische, her-
meneutische oder regulative Als schiebt sich wie ein Riegel
vor die Erfahrung des Fremden, wenn Verstehen und Verständigung ihren Antwortcharakter verleugnen.

Das Fremde als Fremdes erfordert eine responsive Form
von Phänomenologie, die bei dem beginnt, was uns auf be-
fremdende, erschreckende oder erstaunliche Weise heraus-
fordert, herauslockt, herausruft und unsere eigenen Möglichkeiten in Frage stellt, bevor wir uns auf ein fragendes
Wissen- und Verstehenwollen einlassen. Das Pathos des
Fremden übersteigt seine Fraglichkeit. Dem geläufigen Primat eines Fragens, das als Sachfrage direkt in ein Wissens-
streben oder Wissenwollen einmündet oder als intersubjek-
tive Anfrage indirekt auf diese Bahn führt, setzen wir keinen
neuen Primat entgegen. Bloße Umkehrungen führen im allgemeinen nicht weiter, da sie dem verhaftet bleiben, was sie
ins Gegenteil kehren. Es bedarf einer Gewichtsverlagerung

und einer Umorientierung, die neue Wege eröffnet. So richtet unser intensives Bemühen sich seit langem auf den Nachweis, daß der Kreislauf von Frage und Antwort, der auf eine Erfüllung von Intentionen und Regeln abzielt, und daß die symmetrische Verteilung von Frage- und Antwortrolle, die uns einander gleichstellt, sich nicht von selbst versteht. Dabei zeigt sich, daß der klassische Dialog, mit dem die herkömmliche Philosophie steht und fällt, selbst schon eine Asymmetrie von Anspruch und Antwort und einen Hiatus zwischen Angesprochenwerden und Antworten voraussetzt. In jedem Sprechen, das den Boden des schon Gesagten verläßt, liegt ein Versprechen, das durch den Konsens eines Wechselgesprächs und den Konformismus eines regelgerechten Verhaltens nicht einzulösen ist. Das vielberufene »Gespräch, das wir sind«, kommt aus der Ferne eines Fremden, dessen Anspruch jeder Partnerschaft vorausgeht.

2. Anspruch und Antwort

Im fremden Anspruch, der den Zielkreis der Intentionalität ebenso durchbricht wie den Regelkreis der Kommunikativität, tritt das Fremde in actu zutage. Dieser *Anspruch* bedeutet zweierlei, nämlich einen Appell, der sich an *jemanden* richtet, und eine Prätention, die sich *auf etwas* erstreckt. Das Eigenartige des fremden Anspruchs liegt darin, daß beide Formen des Anspruchs sich verquicken. Im Anspruch, den ich vernehme, erhebt sich ein Anspruch, der mir etwas abverlangt. Dieser situativ verkörperte Anspruch kommt jedem moralischen oder rechtlich verbürgten Anspruch zuvor; denn die Frage, ob der jeweilige Anspruch berechtigt sei oder nicht, setzt voraus, daß bereits ein Anspruch vernommen wurde. Wir bewegen uns in einer Zone *diesseits von Gut und Böse, diesseits von Recht und Unrecht.*

Die Moral zeigt hier ihren blinden Fleck. Jeder Versuch einer Moralbegründung sieht sich verwiesen auf tatsächlich auftretende Ansprüche, die als Ansprüche mehr sind als bloße Tatsachen. Der einfache Vorgang, daß jemand mich nach dem Weg oder nach meinem Namen fragt, wird dann zur Tatsache, wenn ich ihn als Tatsache behandle, etwa indem ich beobachte, wie jemand mich fragt, indem ich feststelle, daß jemand mich etwas fragt, oder erzähle, daß jemand mich nach etwas gefragt hat. Doch was zur Tatsache *wird, ist keine* Tatsache. Die Faktifizierung der fremden Frage kann nicht verhindern, daß ich von der Frage getroffen, daß ich in Anspruch genommen bin. Das Antworten beginnt nicht mit dem Reden über etwas, es beginnt überhaupt nicht mit dem Reden, sondern mit dem Hinsehen und Hinhören, das eine eigene Form der Unausweichlichkeit aufweist. Den Imperativ »Höre!« kann ich nicht hören, ohne auf ihn zu hören. Das Verbot »Hör nicht auf mich!« führt zu dem bekannten *double bind*: Wie immer man darauf reagiert, man macht es verkehrt. Selbst das Weghören setzt ein Hören, das Wegsehen ein Sehen voraus, so wie für Nietzsche Verachtung eine Form der Achtung einschließt.

Das Antworten, das dem doppelförmigen Anspruch entspricht, nimmt gleichfalls eine doppelte Form an. Dem Anspruch auf etwas korrespondiert die *Antwort (answer), die erteilt wird.* In den Termini der Sprechakttheorie handelt es sich um einen passenden Antwortgehalt, der die Leerstellen im propositionalen Gehalt der Frage oder der Bitte ausfüllt. Diese registrierbare Antwort behebt einen Mangel. Doch das Antwortgeschehen ist damit keineswegs erschöpft. Dem Anspruch, der sich fordernd an mich richtet, entspricht ein *Antworten (response), das auf Angebote und Ansprüche des Anderen eingeht* und nicht bloß Wissens- und Handlungslücken füllt. Ein solches Antworten gibt nicht, was es schon hat, sondern was es im Antworten erfindet.

Das Geben oder Verweigern einer Antwort vollzieht

sich auf der Ebene des Aussageereignisses und nicht auf der des Aussagegehaltes. Das Geben einer Antwort erschöpft sich nicht in der gegebenen Antwort, so wie die Abwehrgeste der Verneinung nicht mit der negativen Aussage gleichzusetzen ist und so wie auch das Wissensbegehren nicht mit dem Nichtwissen zusammenfällt. Die gegebene Antwort kann unter Umständen von einem Antwortautomaten übernommen werden, der auf eine programmgerechte Anfrage passend reagiert. Für das Geben der Antwort gilt dies nicht, außer im Falle eines präfabrizierten Dialogs, bei dem Antworten lediglich ausgelöst oder abgerufen werden. Ein Automat, der nicht funktioniert, macht sich keiner Dienstverweigerung schuldig. Anders Bartleby in Melvilles gleichnamiger Erzählung. Mit der stereotyp wiederholten Wendung »I would prefer not to« lehnt dieser Kanzleischreiber nicht nur die Dienstleistung ab, die er laut Arbeitsvertrag zu verrichten hat, er treibt die Weigerung ins Extrem, indem das Antworten selbst verweigert und jeden Dialog abbricht. Er ist, wie wir zu sagen pflegen, unzugänglich für jedes gute Zureden, an dem sein Dienstherr, ein philanthropisch gesonnener Rechtsanwalt, es keineswegs fehlen läßt. Die Antwortverweigerung, die sich mit ihrer evasiven Formel am Rande des Verstummens bewegt, weist hin auf Abgründe des Diskurses, die durch keinen sachlichen Dissens auszuloten sind. Antworten ist also mehr als ein sinngerichtetes oder regelgeleitetes Verhalten. Ein zusätzliches Indiz für die Verdoppelung der Antwort in Antwortereignis und Antwortgehalt liefert die Tatsache, daß ich auf eine Frage durchaus mit einer Gegenfrage antworten kann, mit einer Antwort also, in der die gesuchte oder erbetene Auskunft gerade nicht erbracht wird. Keine Antwort ist bekanntlich auch eine Antwort, dann aber ist Antwort nicht gleich Antwort.

Das Antworten, das auf fremde Ansprüche eingeht, beschränkt sich nicht auf sprachliche Äußerungen. Bei der Erfüllung einer Bitte gehen oftmals fremde Rede und eigene

Handlung ineinander über, so etwa, wenn ich durch eine Handreichung tue, um was ich gebeten werde. Man kann ferner mit Blicken provozieren und auf Blicke replizieren. Blickgefechte gehören zum weitgehend anonymen Alltag einer Großstadt. Im Antworten verkörpert sich ein Ethos der Sinne, das von Grußritualen bis zu den Spielen der Liebe reicht. Der alte Satz: »Der Mensch ist ein Lebewesen, das Rede oder Vernunft hat«, ließe sich umformen in den Satz: »Der Mensch ist ein Lebewesen, das Antworten gibt«. Dabei müßte der Unterschied zwischen Mensch und Tier ebenso wie der zwischen Mensch und Maschine neu bedacht werden.

3. Momente einer Antwortlogik

Als Grundzug menschlichen Verhaltens verlangt die Responsivität nach einer besonderen Art von *Antwortlogik*, die sich von der Logik intentionaler Akte, von der Logik des Verstehens oder von der Logik kommunikativen Handelns beträchtlich unterscheidet. Sie führt zu einer eigenen Form von responsiver Rationalität, einer Rationalität nämlich, die aus dem Antworten selbst entspringt.[2] Vier Momente dieser Logik sollen im folgenden skizziert werden. Von Fall zu Fall wird sich zeigen, wie traditionelle Themen im Lichte des Antwortens zu schillern beginnen.

(1) Der fremde Anspruch, der mehr bedeutet als den Teil eines Ganzen oder als den Fall eines Gesetzes, gewinnt eine eigentümliche *Singularität*. Diese Singularität tritt durchaus im Plural auf, aber doch so, daß sie sich der Distinktion von Besonderem und Allgemeinem entzieht. Singularität besagt in einem solchen Falle nicht, daß etwas nur einmal vor-

2 Dieser Gedanke kam mir erstmalig bei der Erörterung offener Formen der Anknüpfung in interlokutionären und interaktionären Zwischenereignissen (vgl. *Ordnung im Zwielicht*, 1987, S. 47).

kommt wie der gerade erklingende Ton oder die soeben begangene Straftat. Singularität besagt auch nicht, daß etwas sich als Einzelfall unter andere Einzelfälle einreiht. Wir haben es nicht mit dem bloßen Individuum zu tun, das nach alter Lehre unsagbar ist, weil es am Saum einer alles bedeckenden Allgemeinheit auftaucht. Vielmehr handelt es sich um eine Singularität von Ereignissen, die als solche auftreten, indem sie von gewohnten Ereignissen abweichen und ein anderes Sehen, Denken und Handeln ermöglichen. Im Leben des Einzelnen wie im Leben ganzer Völker und Kulturen gibt es Schlüsselereignisse, »die sich nicht vergessen«, weil sie eine symbolische Ordnung einführen, Sinn stiften, eine Geschichte eröffnen, zu Antworten herausfordern, Verpflichtungen mit sich bringen. In diesem Sinne war die Französische Revolution für die beteiligten Europäer keine Revolution unter anderen, und aus dieser Einzigartigkeit heraus wurde sie zum Kristallisationskern diverser Mythen und Riten. Erst mit den Augen eines Dritten betrachtet erscheint die Französische Revolution neben der amerikanischen, der russischen oder der chinesischen als eine Revolution unter anderen, so wie das Kind, einmal erwachsen geworden, die Mutter als eine Frau neben anderen und den Geburtsort als einen Ort unter vielen betrachten lernt.

(2) Der fremde Anspruch fällt ebenfalls nicht unter die Disjunktion von Tatsachen und Normen, von Sein und Sollen, die seit Hume und Kant das Feld der praktischen Philosophie beherrscht. Der Anspruch, der etwas zu sehen, zu hören, zu denken, zu tun und zu fühlen gibt, tritt auf mit einer *Unausweichlichkeit,* einer *ne-cessitudo* im wörtlichen Sinne, die sich nicht aus allgemeinen Gesetzen ableitet, sondern als praktische Notwendigkeit zu den unumgänglichen Voraussetzungen unserer weltlich-sozialen Existenz gehört. Sie führt dazu, daß ich auf einen vernommenen Anspruch nicht nicht antworten kann, ähnlich wie ich laut Watzlawick *nicht nicht* kommunizieren kann; denn auch das Nichtantworten wäre eine Antwort. Die doppelte Nega-

tion, die darin liegt, daß ich nicht nicht antworten kann, kennen wir aus der modallogischen Bestimmung der Notwendigkeit. Der Satz »es ist notwendig, daß p« läßt sich mit Hilfe des Möglichkeits-Operators M wiedergeben als: »nicht M (nicht-p)«. Die doppelte Negation verweist auf Erfordernisse, die sich nur indirekt, nämlich als unumgängliche Voraussetzung bestimmter Erfahrungen fassen, nicht aber positiv herleiten lassen. Kant spricht in ähnlichen Zusammenhängen von einem »Faktum der Vernunft«; Husserl billigt dem transzendentalen Ich die »Notwendigkeit eines Faktums« zu, ähnlich Sartre, wenn er dem Cogito eine *nécessité de fait* zuerkennt. In seiner Radikalität gleicht der fremde Anspruch traditionellen Instanzen wie Glücksstreben, Selbsterhaltungstrieb, kategorischer Imperativ und Freiheit, die – wenn es sie gibt – allesamt nicht zur Wahl stehen und sich allesamt einem Berechtigungsnachweis entziehen. Nach Auffassung Platons steht es nicht in unserer Macht, das Glück anzustreben, so wie für Kant es nicht in unserem Belieben liegt, ob wir auf das moralische Gesetz hören oder nicht.

Das, wovon unser Reden und Sagen ausgeht und immer schon ausgegangen ist, läßt sich nicht beobachten, beurteilen oder bewerkstelligen wie etwas, das vor unseren Augen und in unserer Hand liegt. Es tritt nur zutage, *indem* wir etwas sagen und tun. Es ist angewiesen auf eine indirekte Rede- und Mitteilungsweise, die dem Schweigen verbunden bleibt. Dies gilt auch für den Sog, der vom Fremden und speziell von einer fremden Kultur ausgeht. Gewiß spielen sich zwischen Kulturen auch Lernprozesse ab, sobald das Niveau eines »interkulturellen Dialogs« erreicht ist. Doch einen Sog beherrscht man sowenig wie das Staunen oder die Manie der Liebe. Auf Beunruhigungen dieser Art kann man sich nur einlassen, oder man kann sich ihnen entziehen; austilgen kann man sie so wenig wie die Luft, die wir atmen.

(3) Wie bereits im vorigen Kapitel gezeigt wurde, treten

singuläre Ereignisse nicht nur mit einem unausweichlichen Anspruch auf, sondern auch mit einer uneinholbaren *Nachträglichkeit*. Die Antwortlogik ist nicht denkbar ohne jene Form der Zeitlichkeit, die wir als Diastase gekennzeichnet haben. Die genuine Nachträglichkeit der Antwort untergräbt den Primat einer ursprünglichen Gegenwart. Die Gegenwart ist nicht nichts, wie manche postmoderne Allesverflüchtiger meinen, aber sie begnügt sich nicht mit sich selbst. Das Antworten geschieht hier und jetzt, doch es beginnt anderswo. Die Nachträglichkeit führt laut Derrida dazu, daß das Ursprüngliche nur »ersatzweise« zum Vorschein kommt, nämlich gestützt auf Supplemente, die eine endlose Kette »originärer Wiederholungen« nach sich ziehen. Dieselbe Nachträglichkeit verweist auf jene traumatischen Unfälle, die laut Freud einzig in ihren Nachwirkungen faßbar sind, so etwa der Vorfall aus der Kindheitsgeschichte des Wolfsmannes. Wollte man im Hinblick auf solche Verletzungen von kommunikativer Verzerrung reden, so würde man die Sache verharmlosen. Man übersähe auf diese Weise, daß die Einrichtung eines kommunikativen Feldes so wenig auf dem Weg kommunikativer Absprache geschieht, wie die Verfassung eines Landes nicht selbst von einem verfassungskonformen Akt eingeführt wird und wie ihre Befolgung nicht selbst in die Paragraphen der Verfassung Einlaß findet. Die Stiftung einer Ordnung ist ein Ereignis, das nicht Teil der Ordnung ist, die sie ermöglicht. Insofern hat jede Geburt, in der sich eine neue Welt auftut, Züge einer Wiedergeburt, da das Neue nur im nachhinein faßbar ist. Freiheit bedeutet dann nicht die Fähigkeit, schlechthin bei sich selbst anzufangen, sie bedeutet vielmehr, daß man selbst anderswo anfängt. Wer glaubt, bei sich selbst anfangen zu können, wiederholt nur, was schon ist und was er schon kann; er fängt also gerade nicht an. Antwort bedeutet den Verzicht auf ein erstes – und somit auch auf ein letztes Wort.

(4) Mit der zeitlichen Verschiebung von Anspruch und

Antwort geht eine unaufhebbare *Asymmetrie* Hand in Hand, die den traditionellen Dialog, der auf gemeinsame Ziele ausgeht oder sich nach gemeinsamen Regeln richtet, unaufhaltsam aus dem Gleichgewicht bringt und auch moralische Gleichheitsforderungen wie die der Goldenen Regel hinter sich läßt. Wie Levinas zeigt, beruht die Asymmetrie nicht darauf, daß Rollen in einem bestehenden Dialog ungleichmäßig verteilt sind, sondern darauf, daß Anspruch und Antwort nicht auf ein Gemeinsames hin konvergieren. Zwischen Frage und Antwort gibt es ebensowenig einen Konsens wie zwischen Bitte und Erfüllung. Sie prallen aufeinander wie zwei Blicke, die sich kreuzen.

Das Eingehen auf einen fremden Anspruch und das Geschenk einer Antwort geraten erst dann auf die Bahnen eines wechselseitigen Gebens und Nehmens, wenn Eigenes und Fremdes im Lichte eines Dritten betrachtet werden, der Vergleiche anstellt und im Konfliktfall für einen Ausgleich sorgt. Der Gesichtspunkt des Dritten, der Recht und Gerechtigkeit ermöglicht, ist auf gewisse Weise unentbehrlich. Sofern im Reden und Handeln immer schon wiederholbare Gestalten, allgemeine Regeln und Gesetze im Spiel sind, ist immer auch ein Dritter oder ein Drittes im Spiel. Doch indem der fremde Anspruch einem allgemeinen Gesetz unterworfen und derart gleich*gesetzt* wird, was nicht gleich *ist*, wohnt der Gerechtigkeit stets ein Moment der Ungerechtigkeit inne. Der Versuch, zwischen Eigenem und Fremdem eine endgültige Symmetrie herzustellen und beide einander anzugleichen, gliche letzten Endes dem Versuch, Gegenwart und Vergangenheit, Wachen und Schlafen oder Leben und Tod in ein Gleichgewicht zu bringen, als könnte man die Schwelle, die eines vom anderen trennt, nach Belieben in beiden Richtungen überqueren. Das Fremde läßt dies nicht zu; es gleicht Einfällen, die uns kommen, Obsessionen, die uns heimsuchen, Träumen, aus denen wir nie völlig erwachen. Es entstammt einem unwiderruflichen Einst und Anderswo.

Wenn wir das Antworten dem gegebenen Sinn und den bestehenden Regeln entrücken, so müssen wir allerdings unterscheiden zwischen einem primär *repetitiven* oder *reproduktiven* und einem primär *innovativen* oder *produktiven* Antworten. Für das ordentliche, normale Antworten gilt, daß es Sinn hat und bestimmten Regeln folgt. Doch das gleiche gilt nicht für ein Antworten auf ungeahnte Ansprüche, das eine bestehende Ordnung durchbricht und die Bedingungen des Verstehens und der Verständigung mit verändert. Dort, wo die Ordnung der Dinge ins Wanken kommt, klafft ein Hiatus zwischen fremder Provokation und eigener Produktion. Wir stoßen hier auf das Paradox einer kreativen Antwort, das Merleau-Pontys Paradox eines kreativen Ausdrucks gleicht.[3] Die Antwort ist als Antwort kreativ. Der Anspruch gehört nicht einer Ordnung an, in die das Antworten eingefügt oder der es unterworfen ist. Der Anspruch wird vielmehr erst zum Anspruch *in der Antwort,* die er hervorruft und der er uneinholbar vorausgeht. Das Antworten läuft somit über einen schmalen Grat, der bloße Hörigkeit und Willfährigkeit von Willkür und Beliebigkeit trennt. Wer auf fertige Antworten wartet, hat nichts zu sagen, weil alles *schon gesagt* ist. Wer umgekehrt redet, ohne zu antworten, hat auch nichts *zu sagen,* da es für ihn nichts zu sagen gibt. Wir erfinden, was wir antworten, nicht aber das, worauf wir antworten und was unserem Reden und Tun Gewicht verleiht.

---

3 Vgl. dazu *Deutsch-Französische Gedankengänge* (1995), Kap. 7: »Das Paradox des Ausdrucks«.

IV. Leibliche Erfahrung zwischen Selbstheit und Andersheit

Leiblichkeit und Fremdheit sind aufs engste miteinander verflochten. Fremdheit stellt sich selbst leibhaftig dar, als *absence en chair et en os*, als leibhaftige Abwesenheit, wie Sartre in Anspielung auf Husserls leibhaftige Gegenwart des Wahrgenommenen formuliert, und umgekehrt ist ein leibliches Wesen nie ganz und gar bei sich. Das Rätsel der Fremdheit erfährt also im Rätsel des Leibes eine weitere Steigerung, und wiederum geraten wir in die cartesischen und postcartesischen Abenteuer der Moderne.

1. Das Rätsel des Leibes

Das Geschick der Moderne ist tief geprägt von der Tatsache, daß Mathematisierung der Natur und Inthronisierung des Ich zusammengehen und einander verstärken. Im Gefolge dieses doppelten Prozesses fällt auf alles, was zu unserer leiblichen Existenz gehört, der zwiefache Schatten eines autonomen Subjekts und einer berechenbaren Natur. Dies zeigt sich nirgends so deutlich wie im Denken von Descartes. Hier ist es das denkende Ich, das sich auf die Dinge bezieht; in einem von diesen Dingen findet es sich selbst wieder als *res cogitans*, einige von ihnen erweisen sich als Andere, die wie ich selbst denken, und die meisten von ihnen sind rein physische Exempel einer *res extensa*. Doch dabei stellt sich für mich das Problem, mit welchem Recht ich einen bestimmten physischen Körper als meinen eigenen Körper (*corpus meum*) auszeichne und wie ich herausfinde, ob es noch andere Körper gibt, die durch andere Geister beseelt sind. Die Ironie der Geschichte liegt darin, daß der Leib in einem Atemzug entdeckt und verdeckt wird. Unser Leib erscheint als etwas, das von uns selbst abgespalten ist, obwohl er in gewisser Hinsicht zu uns gehört, zumal dann, wenn wir unter ihm leiden.

Diese dualistische Konzeption wird durch eine erste Revision erschüttert, die sich auf die Sinneserfahrung und den sprachlichen Ausdruck stützt. Man geht davon aus, daß in der Tat ich es bin, der sich auf die Dinge, auf sich selbst und auf Andere bezieht, doch hinzufügen muß man, daß mir dies nur mittels meines Leibes gelingt, der sich ständig einmischt. Keine Manipulation ohne Hände, keine Kommunikation ohne Mund und Ohren, kein Gefühl ohne Blutdruck und Herzklopfen und so fort. Doch diese Konkretisierung bleibt auf halbem Wege stehen. Man setzt immer noch voraus, daß es jemand oder etwas gibt, das zwar *in*korporiert und *ver*leiblicht ist, doch ohne durch und durch Leib zu sein. Somit bleibt eine Hintertüre offen. Warum sollte es mir verwehrt sein, letzten Endes als Glied eines alles durchdringenden Geistes zu mir selbst zurückzukehren und in mir die Totalität alles Seienden wiederzufinden, indem ich verinnerliche, was anfangs zur Äußerlichkeit des Leibes gehörte? Auf diese Weise beginne ich in der Enge meiner selbst und ende doch bei einem allumfassenden Ganzen. Es ist nicht leicht zu sagen, wer sich weiter von der Wahrheit entfernt, Descartes, der den dualistischen Part übernimmt, indem er eine Kluft zwischen Geist und Körper aufreißt, oder Hegel, der aller Zerrissenheit zum Trotz zum monistischen Part überwechselt, indem er den Leib in der Totalität des Geistes aufgehen läßt. Spuren dieser alten Debatten finden sich bis heute im Bereich der Human- und Biowissenschaften. Auf der einen Seite achtet man selbst im Feld neurophysiologischer Forschung auf den Unterschied zwischen Erste- und Dritte-Person-Perspektive; doch ungeachtet des Nutzens, der daraus auf der methodologischen und experimentellen Ebene erwächst, bleibt die Frage offen, wie das ominöse X, das unter zwei verschiedenen Perspektiven betrachtet wird, in sich selbst zu bestimmen ist. Auf der anderen Seite gerät jede Art von Monismus, sei er physikalisch oder biologisch verfaßt, in Schwierigkeiten, sobald er mit Wesen konfrontiert wird, von denen gilt, daß nicht nur wir über sie sprechen und sie beobachten, sondern daß sie selbst uns ansprechen und anblicken.

Es gibt jedoch noch eine weitere Form von Revision, die tiefer reicht als diese cartesianischen oder halb-cartesianischen Scharmützel. Ist es nicht so, daß ich in gewissem Sinne mein Leib *bin* und du dein Leib *bist*, wie manche Phänomenologen behaupten? *Habe* ich lediglich Schmerzen oder Wahrnehmungen, als wäre ich der Eigentümer meiner Erfahrung? Wenn wir mit Helmuth Plessner annehmen, das Leibsein und Körperhaben eng miteinander verquickt sind, so sehen wir uns einer Differenz gegenüber, die zur Sphäre des Leibes gehört, die also das Sein des Leibes konstituiert und es keineswegs untergräbt. Unsere *leibliche* Erfahrung würde somit weit über die Erfahrung *des Leibes* hinausgehen. Ähnlich wie für Husserl die Erfahrung der Zeit eine Zeitlichkeit der Erfahrung voraussetzt, ähnlich würde die Erfahrung des Leibes eine Leiblichkeit der Erfahrung voraussetzen. Bereits Nietzsche, einer der Vorläufer einer Phänomenologie des Leibes, betrachtet im *Zarathustra* (KSA 4, 39 f.) den Leib als eine »große Vernunft« und als ein Selbst, das in deinem Leib wohnt: ein »mächtiger Gebieter« und »unbekannter Weiser«, der gar dein Leib ist. Doch sollte diese veränderte Sichtweise zutreffen, so würde sie uns dazu einladen, das Labyrinth des Leibes zu betreten und herauszufinden, auf welche Weise die Macht dieses Gebieters sich auf die verschiedenen Glieder des Leibes überträgt und auf welche Weise die unbekannte Weisheit des Leibes ihre Wirkung ausübt. Eine »Philosophie am Leitfaden des Leibes«, wie Nietzsche sie ins Auge faßt, sieht sich genötigt, alte Worte wie ›Objekt‹, ›Subjekt‹ und ›Intersubjektivität‹ oder ›Logos‹ und ›Pathos‹ neu zu buchstabieren. Dieser Aufgabe möchte ich mich stellen, indem ich mich auf die drei phänomenologischen Kernthemen der Intentionalität, des Selbstgewahrens und der Intersubjektivität beziehe und jeweils zu zeigen versuche, wie die traditionelle Sprache des Bewußtseins in eine neue Sprache der leiblichen Erfahrung übergeht.

2. Sinn und Affektion

Wir haben an früherer Stelle, als wir auf das allgemeine
Reich des Sinnes zu sprechen kamen, die Intentionalität
als das Schibboleth der Phänomenologie bezeichnet, das
sich mit Freuds Unbewußtem als dem Schibboleth der Psychoanalyse vergleichen läßt. Doch in beiden Fällen ist das
Schlüsselwort alles andere als das letzte Wort. Es löst nicht
die Rätsel, vielmehr eröffnet es ein immenses Feld von Fragen. Wenn wir davon ausgehen, daß etwas stets *als etwas*,
also in einem bestimmten Sinne gegeben ist und auf bestimmte Weise aufgefaßt, verstanden oder interpretiert
wird, so fragt sich nun, was dies mit dem Leib zu tun hat.

Sicherlich ist unser Leib auf mannigfache Weise am Gang
der Erfahrung beteiligt, aber nicht als Urheber all jener *intentionalen Akte*, die dem Bewußtsein zugeschrieben werden, darunter das Gewahren des eigenen Leibes. Platon bestand darauf, daß nicht unsere Augen sehen, sondern daß
unsere Seele mittels der Augen sieht (*Theaitet* 184 c-d).
Doch die Alternative »Seele oder Augen« könnte eine unzulängliche Alternative sein. Nehmen wir noch einmal die
Formel *etwas als etwas*. Wie steht es mit dem *etwas*, das
als etwas gefaßt wird? Husserl bedient sich einer aristotelischen Sprache, wenn er vor allem in den *Ideen I* von einer
Hyle spricht als von einem Stoff, *aus dem* etwas durch intentionale Akte geformt wird. Dies mag zutreffen für den
Bereich der Normalität, wo Dinge *sind*, was sie sind, und
wo sie uns als solche bekannt sind. In diesem Falle können
wir unterscheiden zwischen der wiederholbaren Form und
den variablen Materialien, durch die sie realisiert wird,
ganz so wie Aristoteles es tut, wenn er sich auf Tische oder

Häuser und ihre Materialien bezieht. Doch ganz anders steht es, wenn wir zu den Wurzeln der Erfahrung vordringen, wo Dinge erst zu dem *werden*, was sie in der Folge sind. Nehmen wir den Fall der Wahrnehmung. Wahrnehmungen setzen nicht ein mit einem Akt der Beobachtung, im Gegenteil, sie heben an mit einem Aufmerken, das geweckt und hervorgerufen wird durch das, was uns auffällt. Oder nehmen wir das Beispiel der Handlung. Handlungen gehen hervor aus Situationen, die geprägt sind durch das, was uns anzieht oder abstößt, was erschreckend oder verlockend auf uns einwirkt. Sie werden, wie schon Husserl bemerkt, mehr inszeniert als produziert (Hua IV, 98, 259, 336). Sie durchlaufen Phasen des Zögerns und des Ausprobierens, bevor sie eine umrissene Gestalt annehmen. Das Gedächtnis funktioniert ähnlich. Wie Nietzsche es uns in seiner *Genealogie der Moral* eindringlich vor Augen führt, behalten wir nur, was uns weh tut, was sich uns einbrennt, und spontan aufwachende Erinnerungen, wie sie von Bergson und Proust minuziös beschrieben werden, folgen unseren Begierden und richten sich nicht nach unserem Willen. Wir werden durch unsere Vergangenheit immer wieder überrumpelt, bevor ein Prozeß ausdrücklicher Vergegenwärtigung einsetzt. Schließlich geht auch unser Denken auf Ideen zurück, die uns in den Sinn kommen, auf etwas, das wir im Deutschen *Einfälle* nennen und das von Lacan mit *incidences* wiedergegeben wird. Zwangsvorstellungen und Gedankenflucht sind keine bloßen Entgleisungen eines freien Denkens, das Herr seiner selbst ist.

Die pathischen Untergründe und Hintergründe der Erfahrung, von denen in einem früheren Kapitel ausführlich die Rede war, nehmen erst Farbe an und erhalten ihre volle Kraft erst dann, wenn man die leiblichen Register unserer sinnlichen Erfahrung in Betracht zieht, ohne sie in einen dünnen Aufguß mentaler Akte und Zustände zu verwandeln. Alles, was als etwas erscheint, ist nicht einfach als etwas zu beschreiben, das seinen Sinn empfängt oder besitzt, sondern als etwas, das Sinn hervorruft, ohne selbst schon sinnhaft zu sein, als etwas, *wovon* wir getroffen, affiziert, gereizt, überrascht und auf gewisse Weise verletzt werden. Ereignisse, in denen dies geschieht, sind eben das, was ich als *Pathos*, als *Widerfahrnis*, als *Af-fekt* bezeichne; letzteres schreibe ich mit einem Bindestrich, um anzudeuten, daß *uns* etwas an-getan wird, was *wir* nicht selbst initiieren. Das deutsche Präfix *an-* läßt eine ganze Serie von Verben zu wie *Angehen*, *Anblicken*, *Anreden* oder *Antun*, und der späte Husserl nutzt diese sprachlichen Hinweise bei dem Versuch, eine Theorie der Affektion zu entwickeln (vgl. Zahavi 1999, Kap. 7). Man mag sich fragen, ob Husserl weit genug geht und ob er daraus die nötigen Konsequenzen zieht. Auf jeden Fall tauchen hinter den intentionalen Akten, die dem Subjekt als Autor oder Quelle zugeschrieben werden, Ereignisse auf, die uns überkommen, etwas, das uns geschieht. Diese Ereignisse fallen weder unter eine Erste-Person-Perspektive wie subjektive Akte, die wir vollziehen, noch gehören sie zu einer Dritte-Person-Perspektive wie objektive Prozesse, die von außen zu registrieren oder herbeizuführen sind. Sie erfordern eine Sprache, in der das *Es* mit einem *Mich* oder *Mir* durchsetzt ist. Insofern geht das Ich, das im Akkusativ oder Dativ auftritt, dem Ich im Nominativ voraus. Ich bin von Anfang an im Spiel, aber nicht als verantwortlicher Autor oder als Agent. Ich verwende das Wort *Patient* im buchstäblichen Sinne, um den passiven Vor-Status des sogenannten Subjekts hervorzuheben. Dieser geht über in den Status eines *Respondenten*, der auf das antwortet, was ihn oder sie trifft. Das *Wodurch*, also das, wovon wir affiziert sind, erscheint als solches nur in Form eines *Worauf*, also als etwas, auf das wir antworten. Die *Nachträglichkeit* der Antwort, zu der wir aufgefordert sind, entspricht der *Vorgängigkeit* des Pathos, das uns überkommt. Somit sind wir in allem, was wir tun, durch eine genuine Zeitverschiebung von unserer eigenen Herkunft getrennt. Ohne eine solch radikale Form der Zeitlichkeit, die verbindet, was sie trennt, und trennt, was sie verbindet, würde das Motiv der Passivität seine Kraft verlieren. Es würde entweder in unserem Inneren Platz finden als eine dem Subjekt eigene Grenze – etwa als Zeichen seiner Endlichkeit, oder es würde ins Äußere verlagert als ein roher Rest an Realität – etwa als uncodierter Reiz.

Die Frage nach der Rolle unseres Leibes bei der Sinnbildung ist damit bereits teilweise beantwortet. Die Tatsache, daß wir durch Ichfremdes affiziert werden und Ichfremdem ausgesetzt sind, hängt weder von unserem Wissen noch von unserem Wollen, also vom sogenannten Bewußtsein ab, sie weist zurück auf unseren Leib. Die Zyklik des Leibes schließt alles ein, was zweifellos mit mir zu tun hat, ohne daß es durch mich zustande gebracht wird. In dieser Hinsicht nähert sich der Leib, den Merleau-Ponty bereits in seiner *Phänomenologie der Wahrnehmung* (frz. S. 99, dt. S. 109) als »angeborenen Komplex« bezeichnet, dem Unbewußten, dem Körper-Ich und der Körpersprache der Symptome, wie wir sie aus Freuds Psychoanalyse kennen. Eine Überquerung der Grenze, die Phänomenologie und Psychoanalyse voneinander scheidet, ist ein weitreichendes Unternehmen, an dem sich nicht wenige Phänomenologen beteiligt haben. In diesem Zusammenhang mag es genügen, den Blick zu schärfen für das, was wir als *Geburt des Sinnes aus dem Pathos* bezeichnen können. Gleich aller Art von Geburt ist auch diese nicht frei von Geburtswehen. Alles in allem nimmt sich unser Leib menschlicher aus als ein Geist, der lediglich funktioniert. Deshalb sollten wir nicht nur die übliche Frage stellen, was ein Computer kann oder nicht kann, sondern fragen, was ihm zustößt und was ihm gerade nicht zustößt, worauf er antwortet und worauf er gerade nicht antwortet.

3. Das gespaltene Selbst

Während die Intentionalität unseren Austausch mit der Welt steuert, konfrontiert uns das Selbstbewußtsein oder das Selbstgewahren mit uns selbst. Wiederum stehen wir vor der Frage, wie dieser Selbstbezug ausschaut, wenn er vom Standpunkt des Leibes betrachtet wird. Im Gegensatz zu älteren Formen des Selbstbezugs, die Praktiken der Selbstsorge einschließen – Heidegger wie auch Foucault haben daran angeknüpft –, wird der Zugang zu uns selbst in der Moderne weithin der sogenannten Reflexion zugeschrieben. Doch der Gebrauch dieses Begriffswortes, dessen Herkunft aus der Optik nicht zu übersehen ist, steckt voller Fallen. John Lockes Versuch, das Selbst als etwas *neben* den Dingen anzusetzen und die Außenerfahrung durch eine Innenerfahrung zu ergänzen, ist zum Scheitern verurteilt, sobald wir den Boden der Intentionalität betreten. Wenn ich jemand bin, durch dessen intentionale Akte die Dinge als solche konstituiert werden, und wenn ich zugleich der bin, dem sie gegeben sind, so kann das Ich nicht auf ein »Endchen der Welt« reduziert werden (Hua I, 63). Demgemäß bedeutet Reflexion für Husserl keinerlei Innenschau, sondern transzendentale Reflexion, das heißt Thematisierung der Korrelation zwischen Bedeutung und Akt mitsamt jener Horizonte, in denen sich mein Leben in der Welt entfaltet. Mit anderen Worten, die Reflexion verwandelt die fungierende in eine explizite Intentionalität.

Offensichtlich weist auch diese Reflexion eine Menge leiblicher Aspekte auf. Wir sehen, hören, berühren und bewegen uns selbst. Unsere Leiblichkeit ist dabei »auf sich selbst zurückbezogen« (Hua I, 128). Jeder selbstbezüglichen Tätigkeit wohnen verschiedene Formen der Selbstaffektion inne. Wenn wir unser Gesicht im Spiegel sehen, unsere eigene Stimme auf dem Tonband hören oder ein scharfes Messer berühren, überraschen wir uns selbst. Wir sind gefangen in unserem eigenen Bild, bestürzt über unsere eigene Stimme, wir schneiden uns ins eigene Fleisch. Doch solange wir dieses »Für-sich-selbst-sein« als eine Form des »Auf-sich-selbst-intentional-zurückbezogen-seins« verstehen (Hua I, 81), verwickeln wir uns in eine endlose Iteration. Wir flüchten von einer Reflexion in die andere, ohne dessen, worauf wir reflektieren, jemals habhaft zu werden. Diese sisyphushafte Tätigkeit kann uns durchaus etwas lehren. Wir begreifen, daß das leibliche Selbst ein Nicht-Ding ist, daß es nämlich niemals »leibhaft gegenwärtig« ist, wie die Dinge es sind. Die Kette der Reflexionen hängt an einem präreflexiven Kern lebendiger Gegenwart, der einzig hinterdrein durch eine Form von »Nachgewahren« zu erfassen ist (Hua VIII, 89). Hält man paradigmatisch am Gegenstandsbezug fest, so bestimmt sich der Selbstbezug als ein mangelhafter Dingbezug, so wie unser Leib, verglichen mit normalen Dingen, als ein »merkwürdig unvollkommen konstituiertes Ding« dasteht (Hua IV, 159). Lang anhaltende Diskussionen, die das Selbstbewußtsein umkreisen, haben usque ad nauseam bewiesen, daß jeder Versuch, unser Selbstbewußtsein durch Reflexion zu konstituieren, das gesuchte Selbst bereits voraussetzt. Auch die sogenannte Autopoiesis, die Selbstherstellung also, ist nicht frei von diesem Dilemma, wenn man sie beim Wort nimmt.

Doch es gibt andere Probleme, die näher an unser Thema heranführen. Wir kennen zahlreiche Vorgänge und Zustände wie den Blutdruck, den Hormonhaushalt, das Feuern von Neuronen und nicht zuletzt das Funktionieren »meines Gehirns« als der zentralen Partie »meines Körpers«, die offensichtlich allesamt zu unserem Leibkörper gehören, ohne jedoch an den erwähnten Formen einer sinnlichen Reflexion Anteil zu haben. Es hat wenig Sinn, anzunehmen, unser Gehirn reflektiere auf sich selbst, als wäre es ein leiblicher Nachfahr des alten Homunkulus. Wenn Neurologen damit rechnen, daß das Gehirn bestimmte Reize auswählt und bewertet, so denken sie dabei an Operationen, die auf kein operationales Selbst angewiesen sind. Rekursive Prozesse, die sich in Schleifen bewegen, haben wenig zu tun mit den herkömmlichen Akten der Reflexion. Man kann versuchen, sich dieses Einbruchs der Physik in die Sphäre des gelebten Leibes zu erwehren, indem man den gesamten neurophysiologischen Apparat einer naturalistischen Einstellung überantwortet, so daß die sogenannte personalistische Einstellung intakt bleibt. Doch mit einer strikten Distinktion dieser Art werden wir das Leib-Seele-Problem nicht los. Zwar ist das Gehirn als Gehirn ein neurologisches Konstrukt, doch nicht so das »fungierende Gehirn«, das sich in störenden Kopfschmerzen und nicht in bloßen Meßdaten bemerkbar macht. Das tätige Gehirn gehört zu unserem lebendigen Leib und bildet keinen bloßen physikalischen Annex. Die schlichte Unterscheidung zwischen zwei Einstellungen, die Husserl ins Feld führt, unterhält immer noch einen allzu engen Kontakt mit dem angeblichen Leibbewußtsein und führt uns auf cartesianische Bahnen zurück. Es klingt weitaus überzeugender, wenn Husserl den Leib als »Umschlagstelle« zwischen Sinn und Naturkausalität qualifiziert (Hua IV, 286). Einen solchen Umschlag erfahren wir in der alltäglichen Müdigkeit. So konstatiert Paul Valéry in seinen *Cahiers* (I, 1137, dt. 3, 325): »In der Ermüdung wird der Körper zu etwas Fremdem – Par la fatigue le ›corps‹ devient chose étrangère«. Mein eigener Leib nimmt also Züge eines Fremdkörpers an. Des weiteren stellt uns die Technik mit ihrer wachsenden Vielzahl von Körpertechniken vor Probleme, die nach einer genuinen Form der Phänomenotechnik verlangen. Dies zeigen einfache Beispiele aus unserem Alltag. Sobald ich meine Stimme auf einem Tonband höre oder mein Gesicht auf einem Video sehe, gerate ich in eine Situation, wo Nähe und Ferne ineinanderspielen und jede direkte Reflexion durch eine besondere Art von Deflexion abgelenkt wird. Alte Photoalben, in denen meine Kindheit festgehalten ist, offenbaren mir, wer ich war und wer ich hätte sein können. Da zeigt ein Junge »Hoffnungen, die noch gar nicht seine eigenen waren; ungewisse

Erwartungen einer ehrenvollen erwünschten Zukunft, die wie die offenen Flügel eines goldenen Netzes nach ihm langten«, und so fragt sich Ulrich, der »Mann ohne Eigenschaften«, welches Bindemittel wohl stark genug sein könnte, um zu verhindern, daß wir in Einzelstücke zerfallen (Musil, S. 648).

Dies sind in der Tat heikle Probleme, und so mag es verlockend sein, sich in ein reines Selbst zu flüchten, in ein reines Körpergefühl, in eine Immanenz des Lebens, in eine sublime Art von Selbstaffektion, die allem vorausgeht, was uns außerhalb unserer selbst versetzt: sei es der Wirbel der Zeit, seien es die Ekstasen der Intentionalität oder die Herausforderungen durch die Anderen. Doch solch ein leiblicher Narzißmus, wie er bei Michel Henry oder bei Hermann Schmitz anzutreffen ist, beruht auf unhaltbaren Voraussetzungen. Um den Leib *als Leib* zu erfassen, bedarf es stets einer gewissen Distanz, die bei Plessner »exzentrische Positionalität« heißt. Der reine Leib gehört als Leib ohne Körper in den Bannkreis des Cartesianismus: *sentio ergo sum*. Seiner Gefühle gewahr werden und ihnen Ausdruck verleihen besagt jedoch mehr, als sich bloß seinen Gefühlen hingeben.

Wir haben folglich nach anderen Wegen Ausschau zu halten. Mit der Spaltung des Selbst öffnet sich ein solcher Weg. Wiederum verhilft Descartes uns zur Klärung dessen, worum es geht. Seine Position kann nicht einfach übersprungen werden, sie muß berücksichtigt und umgemodelt werden, sonst kehrt sie wie alles Verdrängte unaufhörlich wieder. Descartes' Auffassung zufolge gibt es zwei grundlegende Seinsweisen, die der denkenden Geister und die der ausgedehnten Dinge. Unter Bezugnahme auf divergierende Formen der Sichtbarkeit können wir das Problem folgendermaßen formulieren: Geister sind sehend, werden aber nicht gesehen, Dinge werden gesehen, sind aber nicht sehend. Unser Leib fügt sich aber gerade nicht in dieses dualistische Schema. Einerseits ist der Leib beides in eins: sehend und gesehen, hörend und gehört, berührend und berührt, sich bewegend und bewegt. Andererseits fallen Sehender und Gesehenes niemals zusammen, wie es im Falle von *cogito* und *cogitatum* vorausgesetzt wird. Diese Nichtdeckung ist nicht als Defizit zu verstehen, sie kennzeichnet nämlich die Seinsweise unseres Leibes als eines Wesens, das sich auf sich selbst bezieht und sich zugleich sich entzieht. Das Ausgangsbeispiel der sinnlichen Reflexion sollte nicht als ästhesiologische Version der aristotelischen νόησις νοήσεως behandelt werden mit der Folge, daß das Denken des Denkens in ein Sehen des Sehens, in eine ὅρασις ὁράσεως umschlägt wie bei Plotin (*Enn.* V, 3, 8). Was sich meinen Augen entzieht, ist kein gesehenes Etwas und kein gesehener Jemand, sondern eben das *Ereignis des Sichtbarwerdens*. Etwas fällt mir auf, etwas fällt ins Auge. Was sich hierbei zurückzieht, das ist mein eigener Blick, es sind nicht die Augen als Sinnesorgane, die ich in der Tat im Spiegel beobachten und deren Form und Farbe ich jederzeit identifizieren kann. Der Blick, der auf das antwortet, was ihn anrührt, hat keine Farbe. In diesem Sinne ist er unsichtbar. Wenn ich behaupte, das Gesicht im Spiegel sei spiegelverkehrt, so beziehe ich mich auf mich selbst, als würde ich mich aus dem Spiegel heraus anblicken, und nicht auf mich selbst, wie ich mich auf einer glatten Oberfläche widerspiegle, denn in diesem Fall wären die Spiegelreflexe durchaus am rechten Platz. Wenn wir den Selbstentzug mit dem blinden Fleck auf der Netzhaut vergleichen, so müssen wir uns hüten, die unsichtbare Kehrseite des Sichtbaren mit bloßen Lücken im Gesichtsfeld zu verwechseln, wie Ernst Mach es uns in seinem skizzenhaften Autoporträt drastisch vor Augen führt.

Nun tritt unser Leib aber nicht nur sichtbar in Erscheinung, sondern auch als hörbarer, berührbarer, beweglicher, expressiver und libidinöser Leib. Die Bruchlinien meines eigenen Leibes laufen in verschiedene Richtungen. Der junge Narziß, der sich in sich selbst verliebt und in seinem eigenen Spielbild versinkt, so daß *falling in love* und *falling to death* in eins gehen, wird verfolgt durch die Nymphe Echo, die lediglich imstande ist, zu reagieren und Gesagtes zu wiederholen, so daß sie förmlich vom Hörensagen lebt. Dieses zwiefach scheiternde Rendezvous, das Ovid uns in mythischer Form vor Augen führt, lehrt uns eine Menge über unsere leibliche Verfassung. Das Echo erscheint als akustisches Gegenstück des Spiegeleffekts. Wir hören uns sprechen, obwohl wir selbst es sind, die sprechen. Dazu gehört die Autoecholalie, mit der Kleinkinder ihre eigenen Lautäußerungen nachzuahmen suchen, dazu gehört aber auch eine besondere Form der Echolalie, ein Nachsprechen des Gehörten, mit dem alternde Menschen das Schwinden der Geisteskräfte aufzufangen suchen. Auch verbale Halluzinationen, bei denen Patienten Stimmen von außen hören, obwohl sie diese selbst hervorbringen, wären völlig unverständlich, wenn meine Stimme immerzu ganz und gar meine eigene wäre. Cartesianer sollten sich fragen, wie sie erklären wollen, daß ein denkendes Wesen der Halluzination fähig ist. Andernfalls würde man Patienten zu fremdartigen Lebewesen degradieren, und die Psychiatrie würde, wie es oft genug der Fall war und ist, ihr menschliches Gesicht verlieren.

Was den sich bewegenden Leib angeht, so bildet er den *basso continuo* zu allen Arten von Handlung. Dies ist ein altes Thema. Laut Aristoteles wird der Leib durch Ziele bewegt, die unser Streben anziehen oder abstoßen. Abgelöst von Emotionen bewegt die Vernunft nichts (vgl. *Nik. Ethik* VI, 2, 1139 a 35 f.). Motionen gehen also mit Emotionen Hand in Hand. Im Zuge der Neuzeit verfängt sich die leibliche Bewegung ebenfalls in der dualistischen Sichtweise. In seinem Traktat *Passiones animae* zieht Descartes einen scharfen Trennungsstrich zwischen der Aktion, bei der ich etwas von innen her bewege, und der Passion, bei der ich von außen bewegt werde. Obwohl er interessante Grenzfälle erwähnt wie die Unruhe, die durch Objekte hervorgerufen, aber nicht schlechthin erzeugt wird (*Passiones animae*, II, 51), lautet die entscheidende Alternative: Bewegen oder Bewegtwerden oder in Kantischen Begriffen: Kausalität aus Freiheit oder Kausalität der Natur. Doch wenn unser praktisches Verhalten ebenso wie andere Formen des Verhaltens in Gang gesetzt wird durch das, was uns affiziert, und wenn es seinen Gang nimmt, indem es seinerseits darauf antwortet, so stoßen wir auf das Rätsel eines Wesens, das sich bewegt, aber nicht rein aus sich. Dieses Wesen nimmt teil an einer Bewegung und greift ein in eine Bewegung, die schon im Gang ist und unserer Initiative vorauseilt. Jeder Spieler oder jede Spielerin eines Musikinstruments weiß, daß unsere Finger behender und empfindlicher sind, als eine rationale Kontrolle es je sein könnte. Und Fußballspieler wissen, daß ihre Füße mitdenken, wenn sie den Ball laufen lassen, wie von einem körpereigenen Navigator gesteuert. Wir werden durch eigene wie auch durch fremde Worte und Handlungen *mitgerissen (carried away, comportés)*, wobei wir uns weder wie bewegte Objekte noch wie Bewegungssubjekte benehmen. Deshalb ist unser Alltagsleben infiltriert von dem, was Freud Fehlleistungen nennt, von einer Parapraxis also, die zu unserer Praxis gehört, sich aber nicht auf Willensentschlüsse zurückführen läßt. Bewegt werden, ohne sich zu bewegen, und Sichbewegen, ohne bewegt zu werden, sind lediglich Grenzfälle. In ihnen sinken wir entweder herab auf den Status lebloser Dinge, oder wir erheben uns zu dem höheren, bedürfnislosen Status eines göttlichen Ersten Bewegers, der Aristoteles zufolge bewegt, indem er geliebt wird (κινεῖ ὡς ἐρώμενον), ohne seinerseits zu lieben (*Met.* XII, 1072 b 3).

Wir könnten auf diese Weise fortfahren und zeigen, daß all unser Verhalten von einer Art Selbstaffektion ausgeht, die uns widerfährt, indem wir auf sie antworten. Wir sind älter als wir selbst. Als gebürtige Wesen, die nicht nur auf eine einzige Geburt, sondern auf eine Kette von Wiedergeburten zurückblicken, sind wir außerstande, unseren *Selbst-*

vorsprung je einzuholen. Die Geburt des Sinnes aus dem Pathos, von der wir gesprochen haben, findet ihre Verstärkung in der *Geburt meiner selbst aus dem Pathos*. Die originäre Nachträglichkeit, von der mein Dasein gezeichnet ist, erzeugt eine unaufhebbare Fremdheit, die ich *ekstatische Fremdheit* nenne. Ich gerate außer mir, nicht durch Zufall, durch Krankheit oder aus Schwäche, sondern indem ich bin, der ich bin. Diese Alterität resultiert aus einem gebrochenen Selbstbezug, das heißt aus einem Selbstbezug, der bestimmte Formen des Selbstentzugs einschließt. Verbunden mit mir selbst und zugleich abgeschnitten von mir selbst bin ich weder eins noch zwei, sondern zwei in eins und eins in zwei. Die innere Polarität läßt Raum für extreme Formen sowohl der Verschmelzung wie der Zerstückelung. Monismus und Dualismus finden darin eine gewisse Wahrheit.

Was das alte Problem der Beziehung zwischen Seele und Leib betrifft, so können wir mit Husserl, Scheler oder Plessner von einem *Leibkörper* sprechen, und dies in einem speziellen und präzisen Sinn. Das komplexe Wesen eines Leibkörpers schließt nicht nur den gelebten Leib ein, mittels dessen wir Dinge wahrnehmen und manipulieren, in dem wir uns selbst ausdrücken und mit dem wir aufeinander einwirken, es schließt auch den physiologischen Apparat ein, darunter jene neurologischen und genetischen Prozesse, durch die unser Verhalten nicht nur realisiert, sondern bis zu einem gewissen Grad geformt wird. All dies gehört zu uns, aber in Form einer abnehmenden Nähe und einer anwachsenden Ferne. Ich bin durchaus berechtigt, ein bestimmtes Gehirn als *mein* Gehirn auszuzeichnen. Wir müssen nur beachten, daß das, was *zu mir* gehört, nicht eo ipso zu meiner Verfügung steht, als sei ich der Eigentümer meines Leibes. Wir lassen unseren Blick schweifen, wir strecken unsere Hand aus oder beschleunigen unsere Schritte, doch wir halten nicht den Atem an und steigern nicht den Blutdruck, als würden wir auf ein anderes Programm umschalten. Dies schließt nicht aus, daß die sogenannten höheren Tätigkeiten des Denkens und Wollens auf vielfältige Weise mit physiologischen Vorgängen interagieren. Starke Affekte wie Erstaunen oder Angst, die in unser gewöhnliches Leben einbrechen und außergewöhnliche Reaktionen hervorrufen, sind gemeinhin umgeben von einer besonderen Aura der Leiblichkeit. Dies gilt für das θαυμάζειν in Platons *Theaitet* (155 c), das mit Schwindelgefühlen einhergeht, so daß wir aus der Richtung kommen und der Leib um sich selbst kreist, und es gilt ebenso für die *admiratio* in Descartes' *Passiones animae* (II, 74), die eine Lähmung hervorruft, so daß der Körper unbeweglich dasteht wie eine Statue. Hüten wir uns davor, Denken und Sprechen ausnahmslos den Standards bloßer Klarheit und Korrektheit zu unterwerfen, und entschließen wir uns dazu, tieferen Überzeugungen und langfristigen Gewohnheiten ein gehöriges Gewicht zu verleihen, so spricht nichts dagegen, ein *leibhaftiges* Denken zuzulassen. Es gibt kein Denken und Wollen ohne tiefsitzende Überzeugungen und Gewohnheiten, die von einer freien Verfügung weit entfernt sind. Es war ein Romancier wie Dostojewski, der die Behauptung wagte, im Dunkel der Nacht glaube man anders als bei Tageslicht. Und es war Nietzsche, der den Philosophen vorhielt, ihre Gedenken seien zu sehr *ersessen* und zu wenig *ergangen*. Nicht umsonst sprechen wir im Deutschen von *Gedankengängen*. Gassendis *ambulo ergo sum* sollten wir nicht als Umkehr des Descartesschen *cogito ergo sum* betrachten, sondern als dessen Leibwerdung.

Die gleitende Skala von Nähe und Ferne läßt Raum für die verschiedensten Formen der Pathologie. Ich erinnere an Fälle der Depersonalisierung, wo die Hand des Patienten auf dem Tisch liegt wie ein Stein, an Fälle der Schizophrenie, wo jemand von seinen eigenen Ideen abgeschnitten ist, oder an Fälle der Traumatisierung, wo jemand auf etwas, das ihm oder ihr zugestoßen ist, fixiert bleibt, unfähig, auf flexible Weise darauf zu antworten. Doch pathologische Spaltungen liegen nicht gänzlich außerhalb der normalen Selbstspaltung, die immerzu von eigentümlichen Anomalien durchzogen und heimgesucht wird. Der Versuch, sich dem Ungeregelten durch Übernormalisierung zu entziehen, hat selbst pathologische Folgen. Vom Standpunkt des Leibes aus betrachtet verlangt die Krankheit nach Formen der Therapie, die sich von der cartesianischen Aufteilung in Körper- und Geisteskrankheit freimacht. Wir sollten andere Unterscheidungen treffen, zum Beispiel die Unterscheidung zwischen Formen der Krankheit, die an der Peripherie des leiblichen Selbst verbleiben, und anderen, die in das Innerste unserer Existenz vordringen. Wenn Pascal dem Menschen den paradoxen Status eines »denkenden Schilfrohrs« zumißt, so kommt er der Wahrheit des Leibes näher als Descartes, der erst hinterdrein, beim Übergang von der Ordnung der Vernunft zur Ordnung des Lebens, eine Mischung von Seele und Körper zugesteht.

4. Der Andere als mein Doppelgänger

Die Fremdheit inmitten meiner selbst öffnet Wege zur Fremdheit des Anderen. Sie bewahrt uns davor, auf die Pfade des traditionellen Dualismus zurückzuschwenken. Folgt man dieser Denkweise, so gibt es bestimmte Körper, die lediglich unter Bezugnahme auf fremde Geister, auf *other minds*, als fremde Körper, als *other bodies* betrachtet werden.[1] Sobald wir von einem *Fremdbewußtsein* ausgehen, konstituiert sich die Fremdheit des Anderen unvermeidlich auf dem Boden einer »Eigenheitssphäre« und »innerhalb und mit den Mitteln dieses Eigenen« (Hua I, 131). Die Fremdheit des Anderen leitet sich dann ein für allemal vom Eigenen her. Der Andere entpuppt sich als *alter ego*,

---

1 Die Bezeichnung *Other Minds* taucht bei angelsächsischen Autoren auf, so in einem Aufsatztitel von John L. Austin aus dem Jahre 1946.

das heißt strenggenommen als zweites Ich. Nehmen wir dagegen den Standpunkt des Leibes ein und gehen wir vom leiblichen Selbst aus, das »nicht Herr im eigenen Haus« ist, so existiert der Andere gleichursprünglich mit mir selbst, und in gewisser Hinsicht kommt er mir selbst zuvor. Um den traditionellen Egozentrismus zu vermeiden, der auf einem allem und allen zugrundeliegenden *subjectum* beruht, sollten wir mit Merleau-Ponty die Intersubjektivität durch eine *Interkorporeität* ersetzen. Der Austausch der Leitfigur verändert auch die Natur des Zwischen; er verändert das Dia- oder Inter-, das im *Dia-log*, im *entre-tien* oder im *inter-course* mit wechselnden Nuancen wiederkehrt.

Betrachten wir daraufhin den Status des Anderen, so stoßen wir auf zwei Aspekte, die sich als besonders wichtig erweisen. Der erste Aspekt besagt, daß der Andere als solcher uns weder als *etwas* begegnet, das ich mittels Einfühlung oder Analogieschluß in jemanden verwandle, noch als *jemand*, dessen Intentionen ich verstehe, deute oder teile. Vielmehr meldet sich die Andersheit oder Fremdheit des Anderen in Form eines Pathos, einer spezifischen *Fremdaffektion*. Wir fühlen uns durch Andere getroffen, bevor wir dazu kommen zu fragen, wer sie sind und was ihre Äußerungen meinen. Die Fremdheit des Anderen überkommt und überrascht uns, sie stört unsere Intentionen, bevor wir sie auf diese oder jene Weise verstehen. Der zweite Aspekt, der hervorzuheben ist, besagt, daß ich nicht nur durch ein anderes Ich oder durch ein anderes Subjekt affiziert bin, das heißt durch jemanden, der von mir verschieden ist, sondern durch jemanden, der *meinesgleichen* ist, *mon semblable*, und dennoch *unvergleichlich*, *hors de série*. Wir sollten den Auftritt des Anderen nicht für selbstverständlich nehmen, wie es so viele Sprach-, Gesellschafts- und Kulturtheorien zu tun pflegen. Es gibt nicht nur ein »Wunder der Vernunft«, auf das schon Leibniz und nach ihm Husserl und Merleau-Ponty sich berufen, es gibt auch ein »Wunder des Anderen«, ein Wunder in dem Sinne, daß dafür nirgends ein zureichender Grund zu finden ist. Wir finden Äpfel, Tische oder Computer so wie diesen, den ich vor Augen und zur Hand habe, doch nichts von alledem *hat* etwas als seinesgleichen. Jemand sein und nicht vielmehr etwas, *somebody* und nicht etwa *something*, impliziert, daß man seinesgleichen hat, und diese Gleichen bleiben ungleich aufgrund ihrer Singularität, die in ihrem leiblichen Dasein, in ihrem Hier- und Jetzt-Sein wurzelt. Ich nenne dieses seltsame Faktum, das von nirgendwo anders herzuleiten ist, die *Verdoppelung meiner selbst in und durch den Andern*. Auf diese Weise verstärkt sich die ekstatische Fremdheit meiner selbst durch die *duplikative Fremdheit* des Anderen. In diesen Zusammenhang gehört das beunruhigende Phänomen des Doppelgängers, das niemand so eng mit der Existenz des Anderen verknüpft hat wie Paul Valéry, der sich in seinen *Cahiers* (I, 499, dt. 2, 38) wie folgt äußert: »Der Andere, einer meinesgleichen, oder vielleicht mein Doppelgänger, das ist der magnetischste Abgrund – die am häufigsten wiederkehrende Frage, das tückischste Hindernis – das einzige, das alles übrige daran hindert, durcheinanderzugeraten, sich einem zu entziehen. Eher Nachäffer als Nachahmer – ein Reflex, der dir antwortet, zuvorkommt, dich verblüfft.«

Diese merkwürdige Art der Fremdheit läßt sich durch dieselben Beispiele illustrieren, die wir schon zur Aufhellung der eigenen Fremdheit herangezogen haben. Der fremde Blick, dem ich ausgesetzt bin, hat seine Eigentümlichkeit darin, das ich mich gesehen fühle, bevor ich meinerseits den Anderen sehe als jemanden, der die Dinge und am Ende auch mich selbst sieht. Die Tatsache, daß ich mich gesehen fühle, erreicht im Beobachtungswahn ihr Extrem. Sie läßt sich nicht auf den simplen Effekt zurückführen, mit dem Systemtheoretiker sich zufriedengeben, daß ich nämlich sehe, was du nicht siehst. Der blinde Fleck, der aller Fremderfahrung anhaftet, überschreitet die bloßen Kapazitätsgrenzen selbstreferentieller Systeme, die ihr eigenes Funktionieren nicht zu integrieren vermögen. Die Behauptung, eine Maschine fühle sich verfolgt durch die Sensoren anderer Maschinen, hat keinen Sinn außer in einer anthropomorphen Beschreibung. Der menschliche Andere konfrontiert uns nicht bloß mit den Grenzen unserer eigenen Möglichkeiten. Die Affektion durch den Anderen überkommt uns als *wirkende Wirklichkeit*, sie geht jenen Möglichkeitsbedingungen voraus, die in der Transzendentalphilosophie analysiert, die durch Regelsysteme oder Codes spezifiziert und die schließlich auch technisch realisiert werden. Fremderfahrung ist in einem strikten Sinne unmöglich; sie wird weder durch meine eigene Initiative noch durch allgemeine Regeln ermöglicht. Im Anschluß an Schelling können wir sie als unvordenklich bezeichnen.

Was für den fremden Blick gilt, trifft auch auf die fremde Stimme zu. Wenn ich mich angeredet fühle, so beschränkt sich dies nicht darauf, daß ich jemanden bestimmte Worte aussprechen oder bestimmte Laute hervorbringen höre. *Durch jemanden* angesprochen werden und *auf jemanden* hören bedeutet mehr, als *etwas* hören, das der Andere sagt und verlautbart. Manche Linguisten und manche linguistisch gesonnenen Philosophen vergessen, daß es keine Wechselverständigung und keine Intention gibt ohne Attention, ohne Aufmerksamkeit, das heißt ohne etwas, das geweckt oder geschenkt und keineswegs produziert oder ausgetauscht wird. Was wir Pathos oder Widerfahrnis nennen, trägt Züge einer *Ichfremdheit* an sich, bevor wir es jemandem zuschreiben, der es verursacht. Wie wir gesehen haben, beschränken sich Blick und Stimme nicht auf das Ereignis des Sichtbar- und Hörbarwerdens, sie schließen mich selbst ein als jemanden, der sich als angeschaut und angeredet erfährt. Dies besagt, daß ich mich selbst von anderswoher wahrnehme. All dies gehört zu den alltäglichen Situationen, die sich samt und sonders vor einem Hintergrund des Unalltäglichen abspielen, doch darüber hinaus ist es tief verankert in unserem Gewordensein. Dies zeigt sich etwa in dem Prozeß der Namengebung. Der sogenannte Eigenname ist ein halbfremder Name, da er von Anderen stammt. Ich bekomme einen Rufnamen, indem ich auf ihn antworte, während von einem Ding nicht erwartet wird, daß es seine Etikettierung annimmt. Ferner verkörpern sich ungezählte Gewohnheiten und Eigenarten in meinem sozialen Leib. Selbst die eigene Sprache übernehmen wir von Anderen, und deshalb nennen wir sie Muttersprache. Ganz allgemein gilt, daß wir unsere Sprache buchstäblich vom Hörensagen kennen. Schließlich stellt sich unser Leib als ein Geschlechts- und Sexualleib dar, der weithin durch das Begehren des oder der Anderen geprägt ist. Letzteres ist auf doppelte Weise zu verstehen, als ein Begehren, das vom Anderen ausgeht, und als eines, das auf den Anderen zugeht. Ziehen wir in Betracht, daß Andere seit der frühkindlichen Symbiose mit der Mutter gleichsam in uns implantiert sind, so können wir mit dem Psychoanalytiker Jean Laplanche von einem Primat des/der verführerischen Anderen ausgehen. Wir erreichen die Anderen nicht als Andere, es sei denn, wir gehen von ihnen aus.

Dies besagt jedoch nicht, daß wir den ererbten Egozentrismus einfach umkehren sollten, um ihn durch einen Allozentrismus zu ersetzen. Es trifft nämlich auch zu, daß wir niemals vom Anderen ausgehen können, ohne uns implizit auf uns selbst zu beziehen. Fremdliebe geht nicht auf Eigenliebe zurück, aber sie ist ebensowenig ohne Selbstliebe zu denken. Doch damit ist es noch nicht getan. Ähnlich wie mein Leib als Leibkörper eine kontinuierliche Skala von Nähe und Ferne durchläuft, ähnlich ist mein Leib als *sozialer Leib* mir mehr oder weniger zugehörig je nach wechselnder Nähe und Ferne zu den Anderen. Zwischenleiblichkeit besagt, daß Eigenes und Fremdes ineinander verflochten sind, daß jeder von uns in ein *Geflecht* sozialer Beziehungen eingelassen ist, wie Norbert Elias und Merleau-Ponty übereinstimmend versichern. Mit Merleau-Ponty kann man geradezu von einem sozialen *Synkretismus* sprechen (vgl. *Antwortregister*, Kap. III, 8). Es gibt keine fertigen Individuen, sondern nur Prozesse der Individuierung, die unserem leiblichen Selbst ein gewisses Maß an Anonymität auferlegen und ihm ein typisches Gepräge verleihen. Was wir fühlen, wahrnehmen, tun oder sagen, ist – wie in einem Tibetteppich – verwoben mit dem, was Andere fühlen, wahrnehmen, tun oder sagen. Was *man* sagt oder tut, verfällt nicht ohne weiteres der Uneigentlichkeit oder der Vulgarität, sondern es bildet den allgemeinen Hintergrund für das, was wir, jeder für sich, im eigenen Namen tun und lassen. Der Uneigentlichkeit verfällt es erst dann, wenn der Einzelne sich in seinem Verhalten mit der öffentlichen Meinung oder mit der konventionellen Moral identifiziert. Doch das ist noch nicht alles. Wer seinen eigenen Namen von Anderen empfangen hat und ihn also nicht besitzt wie eine angeborene Eigenschaft, behält im innersten Kern seiner selbst etwas Namenloses. Die alten Namens- und Bilderverbote beschwören eine Unantastbarkeit, die eine gewisse Fremdheit und Ferne unseres Leibes voraussetzt. Folglich dürfen wir annehmen, daß unser Leib auch hier als »Umschlagstelle« fungiert, also nicht nur insofern, als Tun und Leiden, Kultur und Natur ineinander übergehen, sondern auch insofern, als Eigenes sich in Fremdes, Fremdes sich in Eigenes verwandelt. Die Rede vom »eigenen Leib«, vom *corps propre*, enthält nur die halbe Wahrheit. In seiner Romantheorie entwickelt Michail Bachtin die Perspektive einer inneren Dialogizität der Rede. In diesem Zusammenhang vertritt er die Ansicht, daß jedes Wort ein »halbfremdes Wort« ist, da es »mit fremden Intentionen besetzt, ja überbesetzt« ist (1979, S. 185). Auf ähnliche Weise könnte man den eigenen Leib als einen halbfremden Leib bezeichnen, der nicht nur mit fremden Intentionen behaftet ist, sondern auch mit Begierden, Entwürfen, Gewohnheiten, Affektionen und Verletzungen, die von Anderen herstammen.

Letzten Endes bezeugt unsere leibliche und leibhafte Erfahrung, daß ich den Anderen und die Andere in mir vorfinde und mich selbst in ihnen, bevor wir einander begegnen. Wie Merleau-Ponty betont, erscheinen Andere in mir selbst und an meiner Seite, bevor sie mir frontal gegenübertreten. So heißt es in der *Prosa der Welt* (frz. S. 186, dt. S. 151): »Der Andere bewegt sich [...] immer am Rande dessen, was ich sehe und höre, er ist auf meiner Seite, er steht neben mir oder hinter mir, er ist nicht an dem Ort, den mein Blick zermalmt. [...] Er ist wie der Doppelgänger, den jener Kranke immer an seiner Seite spürt, der ihm wie ein Bruder gleicht, den er nie fixieren kann, ohne ihn verschwinden zu lassen [...].« Doch selbst dann, wenn ich Anderen gegenübertrete, verkehre ich mit ihnen nicht auf ein und derselben Ebene. Der Austausch zwischen uns findet auf einer schiefen Ebene statt, auf der die oder der Andere jeweils den höheren Part besetzt. Der fremde Anspruch kommt aus der »Höhe«, wie es bei Levinas heißt, da er meine eigenen Erwartungen, Wünsche und Vorstellungen übersteigt und uns überkommt, bevor wir zu ihm Stellung nehmen können. Doch hier haben wir uns vor Mißverständnissen zu hüten. Die »Erhabenheit« des Anderen, von der hier die Rede ist, charakterisiert den Anderen als *jeweiligen* Anderen, der vom Hier und Jetzt einer spezifischen Ordnung nicht zu trennen ist. Er ist nicht zu verwechseln mit einem *ganz* Anderen, der jeder Ordnung enthoben ist, und auch nicht mit einem *sozialen* Anderen, der einen höheren Status genießt und mir aufgrund von Autorität oder Macht übergeordnet ist. Der Andere ist kein Nachfahr von Thron und Altar. Erst wenn die »Höhe« als soziale Ranghöhe verstanden wird, kommt es zu der dubiosen Allianz von Fremderhöhung und Selbsterniedrigung, bis hin zu jener Kriecherei, die Kant zu Recht perhorresziert.

Die Asymmetrie, mit der wir es hier zu tun haben (s. o., S. 66), ist eine vielfältige Asymmetrie, nur daß diese Vielfalt sich nicht – getreu dem Gesetz »Wie du mir, so ich dir« – zu einer allgemeinen Symmetrie vereinen läßt. Es geht also auch nicht darum, fremdes Interesse den eigenen Interessen vorzuziehen. Unsere leibliche Erfahrung hat nichts zu tun mit dem im 18. Jahrhundert aufkommenden Altruismus, der lediglich das korrigierende Gegenstück darstellt zu einem als selbstverständlich geltenden Egoismus. Zu Beginn meiner selbst bin nicht ich es, der den Anderen oder die Andere vorzieht – oder eben nicht vorzieht, es ist vielmehr die Erfahrung selbst, die vor-zieht. So wie jeder Affekt, solange er nicht normalisiert und kanalisiert ist, uns überrascht, so überkommt uns auch die Affektion durch Andere. Unsere früheren Formulierungen aufgreifend können wir feststellen: Das Pathos, dem der Sinn und ich selbst ihre Geburt verdanken, trägt die Züge eines *Allopathos, das vom Anderen ausgeht*. Wir werden niemals völlig in unserem Leib zur Ruhe kommen, als wären wir Eigentümer unser selbst, doch es kann sehr wohl sein, daß es gerade diese Unruhe ist, die uns lebendig hält.

V. Aufmerksamkeitsschwellen

Die Aufmerksamkeit ist etwas so Gewöhnliches, daß man es kaum mit dem Problem des Fremden zusammenbringt. Doch damit verpaßt man eines der wichtigsten Einfallstore, durch die Fremdes zu uns dringt. Zur Aufmerksamkeit gehört nämlich, daß das Leben der Sinne sich nur begrenzt steuern läßt. Wäre die Steuerung perfekt, so würde das Leben in Gewohnheiten versinken, denen nichts Fremdes mehr beigemischt wäre. Was die Phänomenologie der Aufmerksamkeit zutage fördert, ist allerdings ebenso ambivalent wie das, was die Phänomenologie des Fremden uns vor Augen führt. Wem etwas auffällt, der weiß nicht im voraus, womit oder mit wem er es zu tun hat. Das Aufmerken ist bereits eine erste Antwort auf Fremdes. Mit der Gegenläufigkeit von Auffallen und Aufmerken bewegen wir uns weiterhin im Zweitakt von Pathos und Response.

1. Aufmerken

Beginnen wir mit dem Aufmerken, dem die Aufmerksamkeit ihren Namen verdankt. Aufmerken ist etwas Alltägliches, das in der Philosophie wie manch anderes nur zögernd zum Vorschein kommt. Offensichtlich genügt es nicht, daß die Lampe vor mir auf dem Tisch steht, daß die Turmuhr die Stunde schlägt, daß vor mir ein Auto bremst oder ein alter Freund meinen Weg kreuzt – ich muß es bemerken. Es sieht so aus, als müßte ich etwas hinzutun, damit Dinge, Lebewesen oder Mitmenschen die Bühne der Erfahrung betreten. Aber was bringe ich hinzu? Die Antwort könnte lauten: mich selbst. Aber wie tue ich das, indem ich gleichsam einen Scheinwerfer anschalte oder das Stichwort gebe?

Solche Vorschläge bringen einen Regisseur ins Spiel, der in der Moderne ›Subjekt‹ heißt. Doch dessen Vorgeschichte ist bunter, als offizielle Geschichtsversionen es vermuten lassen. Die alten europäischen Sprachen nähern sich dem Phänomen der Aufmerksamkeit etwas unbeholfen. Im Griechischen spricht man von einem προσέχειν, einem *Hinhalten* und *Hinrichten*, wie man das Schiff an Land steuert, nur daß es bei der Aufmerksamkeit kein Schiff ist, das auf die Sache zusteuert, sondern der Geist: προσέχειν τὸν νοῦν, so der alltägliche Sprachgebrauch (vgl. etwa *Politeia* 376 a 9). Im Deutschen klingt es nicht unähnlich, wenn wir Akte der *Zuwendung* ins Feld führen. Die aufmerkende Hinbewegung unterliegt der Anziehung durch das Gesehene und Gehörte und gerät immer wieder in dessen Sog. Platon, dem es bei der Erziehung der Stadtwächter auch um eine Erziehung der Sinne geht, wehrt sich gegen die Vorstellung, man müsse der Seele das Sehen erst »einsetzen«; die Seele besitzt schon das Erkenntnisvermögen, nur ist dieses »nicht recht eingestellt und nicht dorthin blickend, wohin es soll«, so daß es einer »Kunst der Umlenkung« bedarf (*Politeia* 518 d). Diese Blickwende setzt voraus, daß wir uns in einem Blickfeld bewegen, wo einiges sichtbar ist, anderes nicht. Das lateinische Wort *attentio*, das ebenfalls im *attendere animum* den Geist oder die Seele ins Spiel bringt, ist uns von den romanischen Sprachen her vertraut. Die lateinische Spielart, die von Augustinus philosophisch und theologisch ausgebildet wird, verweist auf eine *Spannung (tensio)* im Kräftespiel von Seele und Leib. Die Aufmerksamkeit lebt von einer gezielten Anspannung, die sich gegenüber vielfacher Ablenkung und Zerstreuung durchsetzen muß.

Die Tendenz hin zu einer Beherrschung der Aufmerksamkeit verstärkt sich in der Neuzeit vor allem bei Descartes. Als Willensakt steht die Aufmerksamkeit unter der Verfügung des Cogito; aber während Descartes der *attention* noch eine schockartige *admiration* gegenüberstellt, wird der passive Part später mehr und mehr blinden Mechanismen überlassen. Damit gerät die Aufmerksamkeit in das Wechselspiel von Subjekt und Objekt, von eigenem Tun und fremder Einwirkung, von Spiritualisierung und Naturalisierung, das bis heute vielfach weitergespielt wird. Doch seit den Zeiten von Henri Bergson, William James, Edmund Husserl und Walter Benjamin mehren sich in der Philosophie jene Stimmen, die der Aufmerksamkeit eine eigene Rolle zuerkennen, und auch die neuere Neurologie weist in diese Richtung. Es gibt Versuche, die bestätigen, daß die Aufmerksamkeitseinstellung schon die elementaren Reaktionen der sensorischen Gehirnzentren beeinflußt und nicht bloß als »subjektiver Faktor« hinzutritt.

2. Mit allen Sinnen

Einige Kostproben seien vorausgeschickt, um einen Geschmack von der Sache zu vermitteln und den Bezug der Aufmerksamkeit zu den verschiedenen Sinnen zu illustrieren. Der Philosoph tut gut daran, literarische Zeugnisse zur Hilfe zu rufen, wenn es darum geht, der Vielfalt der Phänomene die nötige Achtung zu schenken.

Weinliebhaber. – Platon wäre kein rechter Grieche, wenn er einem weinlosen Geist anhinge, doch weinselig ist er deswegen noch nicht. Wenn in der *Politeia* das Hohe Lied der Philosophie angestimmt wird, dann begegnet uns dort, gleich neben dem Knabenliebhaber, der sich zu einer Art Leporello-Arie aufschwingt, der Weinliebhaber (φίλοινος). Er gleicht dem Weisheitsliebhaber (φιλόσοφος); denn so wie der Philosoph »unersättlich« ist nach jeder Art von Erkenntnis, so gilt für den Oinosophen, daß ihm »jeder Wein unter irgendeinem Vorwand willkommen ist« (*Politeia* 475 a). Allerdings sind Weinliebhaber bloße Vorboten der Philosophie. Wie die Hörbegierigen (φιλήκοοι) und Schaulustigen (φιλοθεάμονες) schönen Tönen, Farben und Gestalten nachlaufen, ohne sich um die Natur des Schönen zu kümmern, so müssen wir annehmen, daß bloße Weinliebhaber den Wein »auf der Zunge zergehen lassen«, ohne das Sinnliche in Sinn, die Zunge der Sprache in eine Sprachzunge zu verwandeln. Doch es bleibt zu fragen, ob eine solch allseitige Aufmerksamkeit nicht der Aufmerksamkeit Gewalt antut. Ist nicht jeder Liebhaber parteiisch, da es doch keine Liebe gibt ohne Vorliebe? Hegel blieb es vorbehalten, den Wein aus den Reben zu einem bacchantischen Taumel des Geistes emporzusteigern und die gebrochene Weisheitsliebe gegen reine Weisheit zu einzutauschen. Doch sollte man nicht jedem mißtrauen, der vorgibt, nichts als »reinen Wein einzuschenken«? Sollte nicht die *lingua* ihre Zweideutigkeit bewahren? Läßt sich das »Mysterium des Brots und Weins« restlos in einem »Mysterium des Fleisches und Blutes« aufheben wie in der Kunstreligion der *Phänomenologie des Geistes*? Ist Wandlung mit Erhebung gleichzusetzen? Dann schon lieber: »Jugend ist Trunkenheit ohne Wein.«

Hundekonzert. – Steigen wir nun hinab in die Niederungen des Hörbaren, indem wir uns auf kynische Abwege begeben. Die Hunde gehören zu Platons Lieblingstieren; sie haben für ihn etwas Philosophisches, weil sie besonders lernbegierig und fähig sind, Bekanntes von Unbekanntem, Häusliches (οἰκεῖον) von Fremdem (ἀλλότριον), also auch Freund von Feind zu unterscheiden. Die professionell geforderte Aufmerksamkeit dieses Haus- und Stadttieres, das die Wildnis des Wolfes hinter sich gelassen hat, ist Ergebnis einer gelungenen Domestizierung und Kanalisierung. Gleich wie die zu erziehenden Wächter sehen und hören die Wachthunde, was sie sehen und hören sollen. Anders nun der junge Hund aus Kafkas *Forschungen eines Hundes*. Er erinnert sich an eine »kleine Bruchstelle« in seiner frühen Erfahrung, die ihm zeigte, »daß hier seit jeher etwas nicht stimmte«. Eines Tages wird seine Aufmerksamkeit geweckt durch etwas »Außerordentliches«, etwas Unerhörtes im buchstäblichen Sinne. Er berichtet davon mit folgenden Worten: »ich begrüßte den Morgen mit wirren Lauten, da – als hätte ich sie heraufbeschworen – traten aus irgendwelcher Finsternis unter Hervorbringung eines entsetzlichen Lärms, wie ich ihn noch nie gehört hatte, sieben

Hunde ans Licht. Hätte ich nicht deutlich gesehen, daß es Hunde waren und daß sie selbst diesen Lärm mitbrachten, obwohl ich nicht erkennen konnte, wie sie ihn erzeugten – ich wäre sofort weggelaufen, so aber blieb ich. Damals wußte ich noch fast nichts von der nur dem Hundegeschlecht verliehenen schöpferischen Musikalität, sie war meiner sich erst langsam entwickelnden Beobachtungskraft bisher natürlicherweise entgangen, hatte mich doch die Musik schon seit meiner Säuglingszeit umgeben als ein mir selbstverständliches, unentbehrliches Lebenselement, welches von meinem sonstigen Leben zu sondern nichts mich zwang, nur in Andeutungen, dem kindlichen Verstand entsprechend, hatte man mich darauf hinzuweisen versucht, um so überraschender, geradezu niederwerfend waren jene sieben großen Musikkünstler für mich.«

»Wer zwang sie denn zu tun, was sie hier taten?«, fragt sich der jugendliche Zuhörer, der als »Fremdling« dieser seltsamen Veranstaltung beiwohnt. Er vermutet dahinter einen Zwang zum Musizieren, ein fremdes Geheiß, ein fremdes Gesetz, mehr also als ein bloßes Streben, in dem das Eigene zwar über sich selbst hinauswächst, aber auf gewisse Weise doch bei sich bleibt und im Guten zu sich selbst zurückfindet (vgl. *Symposion* 205 d). Da er von den Musikanten und auch von den übrigen Erwachsenen keine befriedigende Antwort erhält, beginnt er auf eigene Faust zu erforschen, »wovon sich die Hundeschaft nährt«. Es ist eine Geburt der Literatur aus dem Klang der Musik, die Kafka uns zu Gehör bringt. Für den todesnahen Schriftsteller Bergotte in Prousts *Recherche* ist es das *petit pan de mur jaune* in Vermeers *Ansicht von Delft*, das ihn zum Schreiben nötigt, als spräche daraus ein unbekanntes Gesetz. Damit wechseln wir über zur Skala des Sichtbaren.

Strandblicke. – Herr Palomar geht müßig den Strand entlang und stolpert dabei über das Tabu der Nacktheit. Ein »nackter Busen« ist es, an dem sein Blick hängenbleibt. Diesem »Partialobjekt«, in dem sich ein weibliches Wesen verkörpert, sucht er so gut wie möglich gerecht zu werden. Er versucht es in vier Anläufen. Zunächst läßt er seinen *Blick ins Leere* gleiten; er verspricht sich davon eine »bürgerliche Achtung vor der unsichtbaren Grenze, die Personen umgibt«. Doch alsbald ist ihm klar, daß das Wegsehen ein Hinsehen einschließt, wenn auch nur eines aus den Augenwinkeln, und ihm wird bewußt, daß das Sehbegehren anwächst, je mehr es verdrängt wird. Also versucht er es mit einem *fixierten Blick*, der geradeaus auf sein Objekt gerichtet ist. Doch auch damit ist er nicht zufrieden; denn diese »gleichmütige Einförmigkeit«, die alle weiblichen Attribute in die Landschaft einordnet, droht die Andere auf die Ebene bloßer Dinge herabzudrücken. Diesem Blick fehlt es an Diskretion. Im dritten Anlauf entschließt der gutwillige Voyeur sich zu einem *überfliegenden Blick*, der mit unvoreingenommener Sachlichkeit das heikle Sehobjekt umkreist und, sobald er bei ihm angekommen ist, stockt, zusammenzuckt, auf eine zugleich ausweichende wie schonende Distanz geht und schließlich weitergleitet, »als sei nichts gewesen«. Mißlich ist nur, daß dieser despektierliche Blick, der von oben herab kommt, den weiblichen Busen geringschätzt und somit abermals die nötige Achtung vermissen läßt. Als letzte Ausflucht bleibt ein *umfassender Blick*, der gleichsam alle Welt umarmt.

»Diesmal wird sein Blick, der flüchtig über die Landschaft dahin streicht, mit besonderer Achtsamkeit (*riguardo*) bei dem Busen verweilen, aber er wird sich beeilen, den Busen sogleich in eine Woge von Sympathie und Dankbarkeit für das Ganze mit einzubeziehen: für die Sonne und für den Himmel, für die gekrümmten Pinien, die Düne und den Sand, für die Klippen, die Wolken und die Algen, für den Kosmos, der um jene aureolenverzierten Knospen kreist.«

Doch die Schöne am Strand hat nicht viel übrig für diesen alles versöhnenden kosmischen Blick. Sie wirft sich ein Handtuch über und schüttelt den lästigen Betrachter ab »mit einem verärgerten Achselzucken«, das alles mögliche ausdrückt, jedenfalls keine Blickerwiderung. »Das tote Gewicht einer Tradition schlechter Sitten verhindert die gebührende Einschätzung noch der aufgeklärtesten Intentionen, schließt Herr Palomar bitter.« Doch vielleicht schwant der allzu sorglich Betrachteten, daß kein Blick umfassend genug ist, um sich den An-blick des Einzelnen einzuverleiben. Die »Einbeziehung des Anderen« scheitert schon auf der Ebene des Blicks. Calvinos phantasievolle Variationen über die Aufmerksamkeit erinnern uns jedenfalls daran, daß Beachtung, Achtung und Achtsamkeit eng miteinander verquickt sind, enger, als kognitive und voluntative Aufmerksamkeitsmodelle es vermuten lassen.

Syntaktien und Olfaktien. – Es ist der Paläontologe André Leroi-Gourhan, der bei seinen Streifzügen durch die Jahrtausende die Möglichkeit erwägt, daß sich nicht nur künstlerische Bild- und Klangwerke ausgebildet hätten, sondern auch »Syntaktien« und »Olfaktien«: »Gemälde aus Gerüchen und Symphonien aus Berührungen, Bauwerke aus harmonischen Schwingungen, Gedichte aus Salzen und Säuren«. Er empfiehlt, den von der offiziellen Ästhetik vernachlässigten Sinnessphären wenigstens »in den Fundamenten des ästhetischen Lebens« einen Platz einzuräumen (*Hand und Wort*, 1984, S. 351). Man kann nicht sagen, daß in der Philosophie die Gerüche sonderlich beachtet werden, sie sind dem Animalischen zu nahe. Doch bisweilen öffnet sich eine Hintertüre, so bei Aristoteles anläßlich der Behandlung der Besonnenheit (*Nik. Ethik* III, 13). Er gibt zu bedenken, daß nicht alle Gesichts-, Gehör- und Geruchseindrücke dazu verführen, den Lüsten freien Lauf lassen. Wer sich an Äpfeln, Rosen und Räucherwerk erfreut, gilt nicht als zügellos. Anders der Duft von Parfüm und von Speisen, »denn daran vergnügen sich die Zügellosen, weil es sie an Dinge erinnert, die sie begehren.« Die Besonnenheit hat also auch etwas von einem Aufmerksamkeitsfilter, der dafür sorgt, daß der Logos nicht dem Pathos unterliegt. Der diffuse Charakter des Geruchs erschwert die Kontrolle.

3. Grundzüge der Aufmerksamkeit

Die Aufmerksamkeit verdient es, nicht bloß als ein Phänomen unter anderen behandelt zu werden, sondern als ein Schlüsselphänomen, das uns die Erfahrung auf ganz spezifische Weise erschließt. Einige Grundzüge seien im folgenden benannt und aus der Umklammerung traditioneller Denkschemata befreit.

(1) Zu Beginn fragt es sich, wie man die Aufmerksamkeit einstufen soll. Handelt es sich um einen *subjektiven Akt* der Aufmerksamkeit, etwa einen inneren Blick, der mit der Schärfe des Geistes (*acies mentis*) den Dingen auf den Grund geht, oder um *anonyme Beobachtungsmechanismen*, die wir unter bestimmten Umständen auch einem Monitor anvertrauen können? Die alltägliche und mehr als alltägliche Erfahrung, die uns durch die vorhergehenden Kostproben vermittelt wird, sieht anders aus und hört sich anders an. Zunächst erweist sich das Aufmerken als ein *Geschehen*, an dem wir beteiligt sind, aber nicht als Urheber oder Gesetzgeber. Die Aufmerksamkeit wird geweckt, oder sie schläft ein. Wie beim Aufwachen und Einschlafen überqueren wir eine Schwelle, die Vertrautes von Fremdem, Sichtbares von Unsichtbarem, Hörbares von Unhörbarem, Berührbares von Unberührbarem trennt. Was jenseits der Schwelle auftaucht, dort also, wo ich nicht bin und nicht sein kann, ohne ein anderer zu werden, erweist sich als verlockend, erschreckend, stimulierend. Alles Wahrnehmen beginnt damit, daß mir etwas auffällt, daß sich etwas aufdrängt, daß uns etwas anzieht oder abstößt, indem es uns affiziert. Gestalttheoretiker wie Kurt Lewin und Wolfgang Köhler sprechen von Aufforderungscharakteren und Gefordertheiten, die einem generellen Appell der Dinge entspringen. Unser Sehen beginnt damit, daß etwas zu sehen, unser Hören damit, daß etwas zu hören ist. Dieses Gerundiv bildet die anonyme Vorform von Imperativen wie »Sieh!« oder »Hör!« Gerundiv, Ausrufezeichen und Imperativ gehören

zu einer Grammatik der Aufmerksamkeit, die diesseits der Ebene wahrer Aussagen und richtiger Entscheidungen angesiedelt ist.

Aber auch die sogenannten höheren Tätigkeiten des Denkens und Wollens beginnen mit Einfällen. Sie sind immer wieder darauf angewiesen, daß Gedanken kommen und gehen und das treffende Wort, die erlösende Geste sich zur rechten Zeit einstellt. Autoren wie Lichtenberg, Nietzsche Freud oder Lacan, die einem »es denkt« oder wie Calvino einem »es schreibt« das Wort reden, sind nicht der Vernunftmüdigkeit oder der Subjektverleugnung zu bezichtigen. Das Phänomen der Aufmerksamkeit zwingt uns zu der Annahme, daß sich etwas *zwischen mir und den Dingen, zwischen mir und den Anderen* abspielt, das seinen Ursprung nicht einseitig in mir hat, obwohl ich daran beteiligt bin, sei es in der starken Form angespannter Aufmerksamkeit, sei es in der abgeschwächten Form einer diffusen Aufmerksamkeit, die wir als Dösen oder als Tagtraum bezeichnen. In früheren Schulzeugnissen fand man neben der Rubrik des »Fleißes« die der »Aufmerksamkeit«, und man konnte wohl der Meinung sein, alles Entscheidende hinge vom guten Willen und rechten Verstand des Zöglings ab. Doch wie beurteilt man eine Aufmerksamkeit, die erst zu wecken ist?

(2) Zur Aufmerksamkeit gehört eine unvermeidliche *Selektion.* Zu- und Abwendung vollziehen sich in einem einzigen Schritt. Die Aufmerksamkeit, die wir dem einen schenken, entziehen wir dem anderen. Die »Enge des Bewußtseins« gehört nicht umsonst zu den ältesten Merkmalen der Aufmerksamkeit. Wir müssen daher unterscheiden zwischen einem *Hinhören* und *Hinblicken auf . . .* und einem *Sehen* und *Hören von etwas* (vgl. frz. *écouter* vs. *entendre* bzw. *regarder* vs. *voir*). Dies besagt nicht etwa, daß aus einer gleichbleibenden Datenmenge bestimmte Inhalte ausgewählt werden und andere nicht, sondern die Aufmerksamkeit bildet ein »affektives Relief« (Hua XI,

168), und das Erfahrungsfeld organisiert sich in Form von Brennpunkten, Rändern und Hintergründen. Die Aufmerksamkeit entscheidet nicht über das Daß, das Was und das Wer der Erfahrung, wohl aber über das *Wie*. In diesem Sinne spricht Husserl von »attentionalen Wandlungen«, die er freilich noch allzu einseitig auf den zentrierenden »Blickstrahl« eines Ich bezieht (Hua III, § 92). Das Geschehen der Aufmerksamkeit, in dem An- und Abwesenheit sich verquicken, läßt Schattierungen zu, ein Mehr oder Weniger, im Gegensatz zum Ja und Nein der Urteilssphäre, das auf ein Entweder-Oder hinausläuft. Den Horizonten der Erfahrung haftet eine untilgbare Unbestimmtheit an, sie sind »nebelhaft«, wie Husserl sich ausdrückt (Hua III, 59). Das Werk einer Vernunft, die alles in das Licht der *lumières* rückt, sieht sich konfrontiert mit den Schatten der Erfahrung.

Sofern die Aufmerksamkeit das Wie, also die Modalitäten der Erfahrung betrifft und nicht ihre wahrheitsfähigen Inhalte, unterhält sie ein besonderes Verhältnis zur Technik, die seit eh und je nach Mitteln und Wegen sucht und die inzwischen zu Maschinerien und Mediensystemen angewachsen ist. Bildschirme sind alltäglich gewordene *Aufmerksamkeitsapparaturen*, die zur Konstitution der Wirklichkeit beitragen und nicht bloß zur Sinnvermittlung. Platon, der mehr als viele andere den Zauber der Sinne, die Verführungskraft der Klänge und Bilder bedacht hat, vergißt dabei auch nicht die *Sinnestechnik*. Die bereits erwähnten Schaulustigen, die sich an dem Gaukelspiel der Sinne ergötzen, sind für ihn zugleich Liebhaber der Techne (φιλότεχνοι), die das Wesen der Dinge ihrer bloßen Machart opfern (vgl. *Politeia* 476 a), und er macht sich lustig über jene Hörbegierigen, die sich bei allen Dionysien herumtreiben und gleichsam »ihre Ohren vermietet haben«, um keinen Chor – kein Konzert zu verpassen (475 d). Das Hören und Sehen aus zweiter Hand, das in unserem Zeitalter des Fernhörens und Fernsehens ins Gigantische angewachsen ist und durch Hör- und Sehimplantate verstärkt wird, sieht Platon im Widerstreit mit den »Sachen selbst«, die nur den Ohren und Augen des Geistes vernehmbar sind. Doch gerade das Phänomen der Aufmerksamkeit, das der Modalisierung der Erfahrung ein solches Gewicht verleiht, führt auch deren Technisierung herbei. Phänomenologie und Phänomenotechnik gehen hier wie auch sonst Hand in Hand.

(3) Ferner gibt es eine spezifische *Zeit* und einen spezifischen *Raum* des Aufmerkens. Was uns einfällt und auffällt, kommt auf uns zu, und es kommt aus einer bestimmten Richtung, indem es näher rückt oder sich entfernt. Der zentripetalen Ankunft von anderswoher, die von der zentrifugalen Zukunft eigener Entwürfe wohl zu unterscheiden ist, entspricht ein Zögern, ein Warten, das noch gar nicht weiß, was zu erwarten ist. Die Aufmerksamkeit erfährt einen ständigen *Aufschub*, sie ist gelebte Geduld, die sich überraschen läßt. Sie läßt auch zu, daß wir einen Geschmack auf der Zunge zergehen lassen, daß wir uns an einem Anblick weiden, daß wir Gedanken, aber auch Gefühle auskosten. Weit entfernt von einer eingewöhnten, sekundären Aufmerksamkeit, die etwas erwartet, was noch nicht da ist, wartet die originäre Aufmerksamkeit auf etwas, was nie völlig da sein wird. Sie erweitert die Erfahrung nicht nur, sondern sie steigert sie. So bekennt Monsieur Teste: »souffrir, c'est donner à quelque chose une attention suprême.« Daß wir aus dem Leiden lernen, ist eine alte Weisheit, die nicht mit einer masochistischen Leidenslust zu verwechseln ist. Leiden bedeutet, daß uns etwas zustößt, uns aus dem Gewohnten herausreißt. Daß es affektive »Aufmerksamkeitsbesetzungen« gibt, daß Gewohnheiten unsere Aufmerksamkeit festigen, daß sie bis zu einem gewissen Grade habituell, ja geradezu professionell werden kann wie beim bestallten Aufpasser, ist nur zu wahr. Daran ist nichts Bedauerliches; denn eine Überraschung, die überhand nimmt, macht jedes Lernen unmöglich, mehr noch,

sie wird selbst zur Regel. Eine Erfahrung, die nichts sucht als den Schock, ist auch durch diesen nicht mehr zu überraschen. Das Unerwartete braucht den Kontrast des Gewohnten. Daraus resultiert die Aufmerksamkeitsspannung (*tensio*), von der die Aufmerksamkeit (*attentio*) durchzogen ist.

(4) Die Blicketüden des Herrn Palomar zeigen, wieviel die Aufmerksamkeit mit der Achtung zu tun hat, mit der Rücksicht, dem Respekt, mit dem *regard*, dem Auf-der-Hut-sein, mit dem Andenken, das in dem niederländischen Wort *andaacht* (= Aufmerksamkeit) anklingt. Im Deutschen ist das Wort *Andacht* ins Religiöse abgewandert, allerdings nicht ganz, wenn wir an Wendungen denken wie »mit Andacht lauschen«. Dazu paßt, daß ›Aufmerksamkeit‹ im Deutschen auch eine Umgangstugend bezeichnet, die der *gentilezza* oder der *cortesia* entspricht. Wer einen Blick für den Anderen hat, bemerkt, ob diesem etwas fehlt, aber auch, ob ihn etwas freut. Aufmerksamkeit ist nicht durch Aufmerksamkeitsmaschinen zu ersetzen, weil sie geschenkt oder verweigert wird, und zwar nicht nur Mitlebenden, sondern auch den Dingen. Dieses Schenken und Verweigern ist selbst bereits eine Antwort auf das, was uns entgegenkommt. Dies schließt die bedrohliche Möglichkeit ein, den Zutritt zum Anderen zu erzwingen. Jede Aufmerksamkeit kann in Zudringlichkeit umschlagen. Die Neugier, die *curiositas*, die sich ungefragt um vieles kümmert, hat daher etwas Ambivalentes; sie ist weder eine Tugend noch ein Laster, sondern gehört zum Spielraum der Sinne. Soviel steht jedenfalls fest: Es gibt ein Ethos der Sinne, und die Aufmerksamkeit ist ein wesentlicher Bestandteil davon. Daß unsere vielen Sprach-, Handlungs- und Diskurstheorien die Aufmerksamkeit auf so eklatante Weise vernachlässigen, hängt nicht zuletzt damit zusammen, daß sie sich vom sinnlichen »Bathos der Erfahrung« so weit entfernen. Dieser Mangel ist um so gravierender, als die selektiv verteilte und vorenthaltene Aufmerksamkeit einen hochgradi-

gen sozialen Konfliktstoff enthält. Das Übersehen und Überhören fremder Ansprüche bringt den Anderen in eine Lage, in der er *nicht einmal Unrecht* hat. Die normative Maschinerie der Geltungsansprüche läuft in solchen Fällen leer. Mangelnde Beachtung kann allerdings auch schonende Nischen entstehen lassen. So empfiehlt Platon, in politisch unruhigen und unwirtlichen Zeiten hinter ein Mäuerchen zu flüchten, so wie man im Winter vor Staubwirbeln und Regengüssen Schutz sucht (*Politeia* 496 d). Einst nannte man dies »innere Emigration«. Doch ganz entschwinden kann niemand dem fremden Blick, dem fremden Zugriff und der Komplizenschaft, deshalb bleibt das Aufmerksamkeitsfeld ein Kampf- und Leidensplatz.

(5) Das Spannungsfeld der Aufmerksamkeit wirft schließlich auch seine pathologischen Schatten. Von alters her, so schon bei Augustinus, finden wir eine Polarität von Sammlung und Zerstreuung, von Konzentration und Dispersion, und dabei wird vielfach der Sammlung der Vorzug gegeben. Die Sammlung ist einem Geist, der zu sich und zu seinem Ursprung zurückstrebt und alles in sich selbst vereinigt, verwandter als die Vielheit und Vielgeschäftigkeit der Sinne. Diese Bevorzugung entpuppt sich jedoch als fragwürdig. Pathologisch betrachtet gibt es beides, eine *Überkonzentriertheit*, die sich in fixen Ideen bekundet, und eine *Überzerstreutheit*, die sich als Ideenflucht äußert. Auch Raumängste wie *Agoraphobie* und *Klaustrophobie* tangieren und polarisieren die Aufmerksamkeit. Wer große offene Plätze oder die Menge scheut, fühlt sich fremden Einwirkungen und Blicken ausgeliefert; wer statt dessen geschlossene Räume meidet, leidet unter der Enge einer Situation, die sich einem Gehäuse nähert. Das Aufmerksamkeitsgeschehen verflüchtigt oder verfestigt sich, es wird haltlos oder horizontlos. Doch es gibt etwas, das sich solchen Polarisierungen entzieht, nämlich das Fremde, das meine Aufmerksamkeit oder auch nur meine Neugier weckt, das aber zugleich eine *Aufmerksamkeitsstörung* bewirkt. Freud weist immer

wieder darauf hin, daß die gewöhnliche Konzentrations-
schwäche Fehlleistungen wie Versehen oder Versprechen
nicht hinreichend erklärt, da diese ein Kräftespiel anzeigen,
das sich unserem Wissen und Wollen entzieht. Der Spalt
zwischen Eigenem und Fremdem, der sich in tiefreichenden
und keineswegs nur pathologischen Störungen bekundet,
bildet eine Schwelle, die von der Aufmerksamkeit über-
quert, aber nicht überwunden wird. Die erwähnten Patho-
logien erscheinen dann in einem anderen Licht, nämlich als
Anklammerung an das Gewöhnliche, Vertraute, Umhegte
oder als *Flucht in das Außergewöhnliche, Exotische, Aus-
schweifende*. Die gegensätzlichen Versuche, entweder diesseits oder jenseits der Schwelle Fuß zu fassen, scheitern auf
je verschiedene Weise. Die Aufmerksamkeit bleibt ein labi-
les Geschehen, das sich weder völlig normalisieren noch
völlig anomalisieren läßt.

4. Aufmerksamkeitskünste

Aufmerksamkeitsschwellen spielen eine besondere Rolle in
den Bild- und Klangkünsten. Dies zeigt sich, wenn wir Blick
und Laut in Betracht ziehen. Es gibt Blicke, die nicht nur
von den Augen des Anderen ausgehen, sondern auch vom
Anblick der Dinge sowie von dem Blick, der uns aus dem
Bild entgegenschlägt, und es gibt Laute, die nicht nur in der
fremden Stimme erklingen, sondern auch in musikalischen
Tönen sowie in den Klängen der Dinge. Blicke und Laute
sind niemals bloße optische und akustische Phänomene,
also *Gesehenes* und *Gehörtes*, das in einer Seh- und Hör-
welt vorkommt, sondern darüber hinaus sind es Ereignisse
des *Sichtbar-* und *Hörbarwerdens*.
Bild- und Klangkünste kann man als Laboratorien der
Sinne betrachten, in denen das Sichtbarwerden und Hörbar-
werden selbst mit zum Thema wird. Wenn wir mit dem
Kunsttheoretiker Max Imdahl zwischen sehendem und ge-

sehenem Sehen, zwischen Anderssehen und Wiedersehen unterscheiden und diese Zweiheit ergänzen durch ein hörendes und gehörtes Hören, so stoßen wir auf *Schwellen, die das Sichtbare vom Unsichtbaren, das Hörbare vom Unhörbaren scheiden.* In der modernen Kunst kommt es immer wieder zu extremen Grenzgängen. Dies gilt etwa für Kasimir Malewitsch, der sich mit seinen schwarzen Quadraten einer Hintergrundmalerei annähert, einem Nicht-etwas-Sehen, das in einem Nicht-Sehen endet. Das Bild gleicht nicht mehr einem Fenster, durch das wir in die Welt hinausblicken, es wird zu einem schwarzen Loch, in dem das Sichtbare versinkt oder aus dem es verändert wiederauftaucht. Auf andere Weise gilt dies für die musikalischen Versuche von John Cage, wenn er mittels eines Schweigestückes Hörerwartungen inszeniert oder wenn er den Klangfluß in Klangtropfen zerteilt, die dem Einzelklang einen eigenen Raum lassen. Auch abgesehen von solch extremen Versuchen vollzieht die Kunst dort, wo sie auf ihrer eigenen Höhe ist und nicht ins Konventionelle absinkt, stets eine Art *optischer* oder *akustischer Epoché*: keine Urteilsenthaltung, sondern ein Aussetzen des normalen Sehens und Hörens. Das Motiv des Erblindens und Taubwerdens gehört seit Platon zu den Grundmotiven einer Erfahrung, die den festen Boden des Gewohnten verläßt, darin berührt sich die Erfahrung des Denkens mit jener der Künste. Dies setzt allerdings voraus, daß das aufmerkende Denken, Sehen und Hören nicht bei sich beginnt, sondern damit, daß etwas unser Auge und unser Ohr anrührt, es af-fiziert, indem es – vielfach unmerklich – vom Erwarteten abweicht. Mit Freud dürfen wir annehmen, daß die Aufmerksamkeit dort am wirkkräftigsten ist, wo sie nicht als gesteuerte, sondern als frei schwebende Aufmerksamkeit auftritt.

5. Techniken und Praktiken der Aufmerksamkeit

Da Aufmerksamkeit, einschließlich der Aufmerksamkeitsstörungen, nur auf dem Hintergrund von Aufmerksamkeitseinstellungen zu denken ist, realisiert sie sich in historisch und kulturell wechselnden *Aufmerksamkeitstechniken* und *Aufmerksamkeitspraktiken*. Blick- und Hörschulungen bedeuten stets auch Einübungen in die Aufmerksamkeit. Hier öffnet sich ein immenses Forschungsfeld, zu dem der amerikanische Kunsttheoretikers Jonathan Crary mit seiner jüngst erschienenen Untersuchung *Suspensions of Perception* (dt.: *Aufmerksamkeit*) reiche Materialien beisteuert. Ich begnüge mich damit, abschließend auf zwei Bereiche hinzuweisen, in denen die diversen Techniken und Praktiken der Aufmerksamkeit zur spezifischen Auswirkung kommen: auf die Ökonomie und die Politik der Aufmerksamkeit.

Das *Ökonomische* spielt eine elementare und unvermeidliche Rolle. Die Selektion, die aller Aufmerksamkeit innewohnt, dieses Zugleich von Zu- und Abwendung, macht aus der Aufmerksamkeit ein knappes Gut, das inzwischen auch in den Sog der Globalisierung geraten ist. Es gibt zahllose Anbieter, die auf einem Aufmerksamkeitsmarkt riesigen Ausmaßes miteinander konkurrieren. Man nehme die Reklame, die auf vielen Wegen, mit Wunschbildern, erotischen Anspielungen oder gezielten semantischen Sprüngen um unsere Aufmerksamkeit wirbt und buhlt. Die Kunst der Werbung besteht darin, einen Blickfang einzurichten. Werbekünstler sind Fallensteller. Dies gehört zur sanften, unmerklichen Gewalt der Ökonomie. Das *Politische* macht sich insofern geltend, als jede Aufmerksamkeit sich in einem sozialen Raum abspielt und somit mehr oder weniger steuerbar ist. Von jeher öffnete sich hier ein Tätigkeitsfeld für politische oder religiöse Rhetorik, das längst zum Tummelplatz einer gezielten »Öffentlichkeitsarbeit« und einer allgegenwärtigen Medialität geworden ist. Man denke nur an die Nachrichtenpolitik. Jede Zeitung und jedes Fernsehprogramm entscheidet wohl oder übel darüber, was als wichtig angesehen und herausgefiltert wird, was zur Sprache und in den Blick kommt und was nicht. Nicht immer tritt diese Filterung so offenkundig zutage wie bei den Nachrichten des letzten Irakkriegs, die Teil der Kriegführung waren. Daß dazu auch gezielte Falschmeldungen, sogenannte *dirty tricks* oder *active measures* gehören, ist nicht entscheidend. Die Macht liegt in der Auslese als solcher.

Das Politische und das Ökonomische gehört also zu den Ingredienzien der Aufmerksamkeit. Keine gerechte Verteilung der Ressourcen und keine konsensuelle Regelung kann die daraus resultierenden Konflikte ausräumen. Widerstand ist nur von der Aufmerksamkeit selbst zu erwarten in Form einer *attention sauvage*, einer Aufmerksamkeit, die Momente des Anökonomischen und Anarchischen bewahrt und einen Überschuß an geschenkter Aufmerksamkeit gewährt.

VI. Zwischen den Kulturen

Was zwischen den Kulturen geschieht, gibt dem Fremden eine besondere Färbung, und die Erforschung des kulturell Fremden hat mit der Ethnologie oder der Kulturanthropologie eine eigene Fremdheitswissenschaft entstehen lassen. Sie war immer schon mit einer dubiosen Form kolonialistischer Fremdheitspolitik verbunden. Ethnowissenschaft und Ethnopolitik haben im Zeichen der Globalisierung neue Formen angenommen. Doch diese Ausweitung der Perspektive kann nicht darüber hinwegtäuschen, daß sich in dem, was zwischen den Kulturen geschieht, stets auch etwas von dem spiegelt, was zwischen Einzelnen und mit dem Einzelnen geschieht. Nicht nur die Fremdheit beginnt bei uns selbst, auch die Versuche zu ihrer Überwindung beginnen im eigenen Hause. So gibt dieses Kapitel uns die Gelegenheit, die wichtigsten Etappen der vorausgehenden Überlegungen in gedrängter Form zu rekapitulieren.

1. Interkulturalität als Zwischensphäre

Man sollte die ›Interkulturalität‹ beim Wort nehmen. Was sich zwischen verschiedenen Kulturen abspielt, läßt sich nicht auf die schlichte Tatsache reduzieren, daß es mehrere Kulturen gibt, die abzählbare und vergleichbare Merkmale oder Merkmalsbündel aufweisen. So wie jeder Sprachvergleich von der Zugehörigkeit zu einer bestimmten Sprache ausgeht, so auch jeder Kulturvergleich. Es gibt keinen Ort jenseits der Kulturen, der uns einen unbefangenen und unbeschränkten Überblick gestatten würde. Als Europäer können wir der eigenen Kultur so wenig entfliehen wie dem eigenen Leib und der eigenen Sprache. Damit ist jedem Kulturalismus, der die eigene und die fremde Kultur schlichtweg als eine unter anderen betrachten würde, ein Riegel vorgeschoben. Ein solcher Kulturalismus würde le-

diglich auf der geographisch-räumlichen Ebene wiederholen, was der Historismus des 19. Jahrhunderts auf der
historisch-zeitlichen Ebene durchexerziert hat. Die Museal-
kultur, die Nietzsche in seinen *Unzeitgemäßen Betrachtun-
gen* angeprangert hat, würde sich lediglich vom Heimischen
ins Exotische verlagern. Die Mängel einer bloßen Multikul-
turalität werden nur scheinbar überwunden, wenn man versucht, die Grenzen der jeweiligen Kultur auszuschalten, sei
es, daß man die Einzelkulturen als Teile einer Gesamtkultur
begreift, sei es, daß man sie transkulturellen Maßstäben
unterwirft. Die »Vereinten Nationen« sind eine Institution
die recht und schlecht ihre Dienste verrichtet. Darauf zu
warten, daß sie sich in »Vereinte Kulturen« verwandeln,
würde besagen, daß man einem interkulturellen Esperanto
nachjagt, das als Sprachutopie längst ausgedient hat. Für
das Verhältnis von Weltmarkt und Weltkultur gilt ähnliches. Würden wir mit Ideen handeln wie mit Aktien, so
würden sie kommunikativ abgeschliffen; alles Anstacheln-
de und Aufrührerische ginge verloren. Nietzsches »Normal-
mensch« würde in den Normalideen einer Normalkultur
seine zweifelhafte Heimstatt finden.

Nimmt man dagegen das Wort ›Interkulturalität‹ ernst,
so gelangt man wie im Falle von Husserls Intersubjektivität
oder Merleau-Pontys Interkorporeität zu einer Zwischensphäre, deren intermedialer Charakter weder auf Eigenes
zurückgeführt noch in ein Ganzes integriert, noch univer-
salen Gesetzen unterworfen werden kann. Was sich zwischen uns abspielt, gehört weder jedem einzelnen noch allen
insgesamt. Es bildet in diesem Sinne ein Niemandsland, eine
Grenzlandschaft, die zugleich verbindet und trennt. Was
einzig in der Weise da ist, daß es sich dem eigenen Zugriff
entzieht, bezeichnen wir als fremd. Interkulturalität, die
ihren Namen verdient, gibt es nur, wenn wir von einer
Scheidung in Eigen- und Fremdkultur ausgehen, ähnlich
wie Husserl der Heimwelt eine Fremdwelt zuordnet. Eine
solche Scheidung schließt nicht aus, daß es zu Prozessen der

Pluralisierung, der Universalisierung oder der Globalisierung kommt, doch diese Prozesse setzen eine Fremderfahrung voraus, die sie niemals einholen. Die fremde Kultur ist wie die eigene mehr als eine Kultur unter anderen, mehr als eine Teilkultur oder als ein Tummelfeld allgemeiner Gesetze. Wird dieser ›Mehrwert‹ getilgt, so begeben wir uns auf die schiefe Ebene einer einseitigen Aneignung des Fremden oder einer Nivellierung der Differenz zwischen Eigenem und Fremdem. An solchen Versuchen herrscht in unserer westlichen Geschichte bis in die Gegenwart hinein kein Mangel.

2. Die Vieldeutigkeit des Fremden

Das Problem des Fremden beginnt mit seiner Benennung. Nichts Gewöhnlicheres als das Wort ›fremd‹ und seine verschiedenen Variationen und Ableitungen wie ›Fremdling‹, ›Fremde‹, ›Fremdsprache‹, ›Fremdeln‹, ›Entfremdung‹ oder ›Verfremdung‹. Doch sobald wir versuchen, das Wort ›fremd‹ in anderen Sprachen wiederzugeben, stoßen wir auf eine Vielfalt, die drei unterschiedliche Bedeutungsnuancen und entsprechende Bedeutungskontraste erkennen läßt. Fremd ist erstens, was außerhalb des eigenen Bereichs vorkommt als Äußeres, das einem *Inneren* entgegensteht (vgl. ξένον, *externum, extraneum, étranger, stranger, foreigner*). Fremd ist zweitens, was Anderen gehört (ἀλλότριον, *alienum, alien, ajeno*), im Gegensatz zum *Eigenen*. In diesen Zusammenhang gehört auch das Wort *alienatio*, das juristisch mit ›Entäußerung‹, klinisch und sozialpathologisch mit ›Entfremdung‹ wiedergegeben wird. Fremd ist drittens, was von anderer Art, was fremdartig, unheimlich, seltsam ist (ξένον, *insolitum, étrange, strange*), im Gegensatz zum *Vertrauten*. Der Gegensatz Äußeres/Inneres verweist auf einen *Ort* des Fremden, der Gegensatz Fremdes/Eigenes auf den *Besitz*, der Gegensatz Fremdartiges/Vertrautes auf eine

Art des Verständnisses. Daß es sich hierbei um verschiedene Bedeutungen handelt, zeigt sich darin, daß ein und derselbe Sachverhalt in einem Sinne fremd sein kann, im anderen nicht, so das Haus des Nachbarn, das mir nicht gehört, aber wohlvertraut ist, oder ein ausländischer Kollege, mit dem ich eng zusammenarbeite.

Wie hängen die Bedeutungsvarianten zusammen? Um eine bloße Homonymie handelt es sich nicht. Das ›Eigene‹ steht dem ›Inneren‹ und ›Vertrauten‹ offensichtlich näher als dem ›Äußeren‹ und ›Unvertrauten‹, und die Fäden laufen vielfach hinüber und herüber. Eher ist an eine Polysemie zu denken, wie Aristoteles sie dem Seienden und dem Guten zuspricht. Dann aber stellt sich die weitere Frage, ob die verschiedenen Bedeutungsnuancen auf gleicher Stufe rangieren oder ob eine von ihnen ein Privileg genießt. Alle unsere Überlegungen sprechen für die Annahme, daß bei einer radikalen Form der Fremdheit, wie sie unserer Fremderfahrung gemäß ist, der Ortsaspekt den Ton angibt. Dies zeigt sich sogleich in der besonderen Art der Grenzziehung, die Fremdes und nicht bloß Verschiedenes entstehen läßt.

3. Fremdheit versus Andersheit

Wir sprechen oftmals von ›Andersheit‹, wenn wir ›Fremdheit‹ meinen, und in anderen westlichen Sprachen, die über kein so reiches Wortfeld wie das deutsche Wort ›fremd‹ verfügen, wird die Frage nach der Fremdheit zumeist als *question of the Other* oder als *question de l'Autre* verhandelt. Doch oftmals denken wir kaum an etwas anderes als an Verschiedenheit, wenn wir von Andersheit sprechen, und nicht selten flüchten wir in ein begriffliches Dämmerlicht, das eine radikale Frage nach dem Fremden erst gar nicht aufkommen läßt. Hinzu kommt, daß unsere westlichen Denktraditionen der Fremdheit einen sehr bescheidenen

Platz zuweisen, und das nicht ohne Grund und mit beträchtlichen praktischen Folgen.

Daß etwas nur ein *Selbes* ist, indem es sich zugleich als *Anderes* von Anderem unterscheidet, gehört zu den Entdeckungen der platonischen Dialektik, aus der bis hin zu Hegel beträchtliches spekulatives Kapital geschlagen wurde. Der Kontrast von Selbem und Anderem, der einer jeden Ordnung der Dinge zugrunde liegt, geht hervor aus einer *Abgrenzung*, die eines vom anderen unterscheidet. Dies führt zu einer durchgängigen Reversibilität der Standorte: Asiaten sind keine Europäer, so wie umgekehrt Europäer keine Asiaten sind. Diese Unterscheidung vollzieht sich außerdem in einem durchgehenden Medium, das zwischen den Gegensätzen vermittelt. Europäer und Asiaten mögen noch so verschieden sein, Menschen sind sie allemal. Schön wäre es, wenn ›der Mensch‹ je mit eigener Stimme spräche. Doch die Erfahrungen der Interkulturalität lehren uns nur zu gut, daß hinter einer solchen Stimme stets eine bestimmte Instanz steckt, die *sotto voce* für ›den Menschen‹ spricht, ohne ihn in seiner Allgemeinheit verkörpern zu können. Und nur zu oft verbirgt sich hinter der Prätention auf Allgemeinheit ein hierarchisches Gefälle: Europäer sprechen über Europäer und Nichteuropäer, Männer über Männer und Frauen, Erwachsene über Erwachsene und Kinder, Menschen über Mensch und Tier, Wachende über Wachende und Schlafende. In all diesen Fällen ist die eine Seite der Differenz deutlich markiert, die andere nicht.

Doch die Differenz von Eigenem und Fremdem, auf die es uns hier ankommt, hat als solches nicht das geringste zu tun mit der Unterscheidung von Selbem und Anderem. Der Fremde aus Elea, der in der Ouvertüre des platonischen *Sophistes* auftritt, bevor die Dialektik mit dem Selben und dem Anderen ihr Spiel treibt, ist nicht einfach anders, er kommt von anderswoher, wie Zeus, der die menschlichen Städte heimsucht. Das Eigene gruppiert sich um das *Selbst*, das als ein leiblich, ethnisch oder kulturell

geprägtes Selbst auftritt und auch sprachlich mehr oder
weniger deutlich vom Selben unterschieden wird, so im
Lateinischem mit der Zweiheit von *ipse* und *idem*, im
Englischen mit der von *self* und *same* (s. o., S. 21) Der
Jargon der Identität, der dem »Jargon der Eigentlichkeit«
längst den Rang abgelaufen hat, verdeckt einfache Sach-
verhalte wie jenen, daß ich mich nicht als Schmerzträger
identifizieren muß, um einen Schmerz zu verspüren, daß
jemand sich als Fremder bedroht fühlen kann, ohne einen
bestimmten Gegner oder Verfolger namhaft machen zu
können. Der Gegensatz zwischen Eigenem und Fremden
entspringt keiner bloßen Abgrenzung, sondern einem Prozeß der *Ein-* und *Ausgrenzung*. Ich bin dort, wo du nicht
sein kannst und umgekehrt. Fremd ist ein Ort, wo ich
nicht bin und sein kann und wo ich dennoch in Form
dieser Unmöglichkeit bin. Man wird kulturellen Differenzen nicht gerecht, wenn man sie mit verschiedenen Spezies
einer Pflanzen- oder Tierwelt vergleicht, deren Differenzen in einem allgemeinen Genus aufgehoben sind.[1] Zwischen den Kulturen verläuft eine Schwelle wie jene, die
Geschlecht von Geschlecht, Alter von Jugend, Wachen
vom Schlafen, Leben vom Tod scheidet (s. o., S. 25). Die
zeremoniellen *rites de passages*, die in archaischen Kulturen die Überschreitung heikler Schwellen begleiten, sind in
unseren säkularisierten Gesellschaften nicht völlig ver-
schwunden, selbst wenn sie stärker individualisiert und
bisweilen auch bis zur Unkenntlichkeit trivialisiert sind.
Die Geschiedenheit, in der ein Erfahrungsbereich sich
selbst von einem anderen absondert, ist nicht zu verwechseln mit jener Unterschiedenheit, die vom Standpunkt eines vermittelnden Dritten her erfolgt. Schwellen, die ver-
binden, indem sie trennen, lassen keinen Vermittler zu,

---

1 Im übrigen entspricht diese homogene Taxinomie auch nicht mehr
  der inzwischen geläufigen Annahme evolutionärer Verzweigungen
  im Bereich des Lebens.

der auf beiden Seiten der Schwelle zugleich Fuß fassen könnte. Deshalb hat Absonderung und das daraus entspringende Absonderliche des Fremden nichts zu tun mit der puren Besonderung, in der sich ein Allgemeines partikularisiert.

4. Das Paradox der Fremderfahrung

Nehmen wir die geläufigsten Bestimmungen der Fremdheit, ohne die auch die Ethnologie nicht auskommt, so stoßen wir immer wieder auf zwei Bestimmungen, die der *Unzugänglichkeit* eines bestimmten Erfahrungs- und Sinnbereichs und die der *Nichtzugehörigkeit* zu einer Gruppe. Im ersten Falle ist *etwas* mir oder uns fremd, im zweiten Falle sind *Andere* mir oder uns fremd und umgekehrt. Man kann demgemäß zwischen einer *kulturellen* und einer *sozialen Fremdheit* unterscheiden; doch offenkundig greifen beide Formen ineinander, da die Kultur sich selbst als sozialer Prozeß darstellt und umgekehrt die Sozialisierung auf kulturelle Symbole angewiesen ist. Die Erfahrung, die einer solchen Ein- und Ausgrenzung zugrunde liegt, läßt sich mit Husserl als Fremderfahrung bezeichnen. Diese Erfahrung hat einen durchaus paradoxen Charakter, der sich ebenfalls bereits bei Husserl andeutet. Wir können von einer Zugänglichkeit des Unzugänglichen, einer Zugehörigkeit in der Nichtzugehörigkeit, einer Unverständlichkeit in der Verständlichkeit sprechen (s. o., S. 56). Dies bedeutet nicht, daß es etwas gibt, das wir nicht verstehen können. Eine solche Annahme würde geradewegs im Irrationalismus enden. Es bedeutet aber auch nicht, daß es etwas gibt, das wir noch nicht bzw. nicht mehr verstehen, das sich aber vorweg im Horizont einer allgemeinen Verständlichkeit bewegt. All dies sind defizitäre Bestimmungen des Fremden. Wenn es eine genuine Fremderfahrung gibt, die ebenso wie die Zeit- und Raumerfahrung an sich selbst zu messen ist und nicht an einer potentiellen Allgegenwart, so stellt sie keinen überwindbaren Mangel dar. Vielmehr besagt Fremderfahrung, daß Abwesenheit und Ferne als »leibhaftige Abwesenheit« (Sartre), als »originäre Form des Anderswo« (Merleau-Ponty), als »Nicht-Ort« des fremden Antlitzes (Levinas) zur Sache des Fremden selbst gehören. Paradoxie meint hier nicht, daß zwei Denkbestimmungen antinomisch aufeinanderstoßen, vielmehr handelt es sich um eine sich selbst widerstrebende Erfahrung, um eine gelebte Unmöglichkeit, wie sie sich insbesondere bei Autoren wie Baudelaire, Valéry, Kafka oder Celan und zuvor schon bei Kierkegaard andeutet. Der Bezug stellt sich dar als Entzug: so der fremde Blick, der uns aus einer nicht auszulotenden Ferne trifft, bevor wir uns dessen versehen; so die hautnahe Berührung, die nicht besagt, daß der Abstand zwischen zwei Dingen gegen Null geht, sondern daß wir an Unfaßbares, auch Unantastbares rühren; so die Pause im Gespräch, ohne die es niemals zu einem *entretien infini* im Sinne von Maurice Blanchot käme und ohne die all unser Reden in einem dialogisch inszenierten Monolog befangen bliebe.

Als *radikal* bezeichne ich eine Fremdheit, die weder auf Eigenes zurückgeführt, noch einem Ganzen eingeordnet werden kann, die also in diesem Sinne irreduzibel ist. Eine solch radikale Fremdheit setzt voraus, daß das sogenannte Subjekt nicht Herr seiner selbst ist und daß jede Ordnung, die »es gibt« und die immer auch anders sein könnte, sich in Grenzen hält. Fremdheit in ihrer radikalen Form besagt, daß das Selbst auf gewisse Weise *außer sich selbst* ist und daß jede Ordnung von Schatten des *Außer-ordentlichen* umgeben ist. Solange man sich dieser Einsicht verschließt, bleibt man einer *relativen* Fremdheit verhaftet, einer bloßen Fremdheit für uns, die einem vorläufigen Stand der Aneignung entspricht. Die Aneignung kann sich auf politischem, religiösem, philosophischem oder allgemein kulturellem Wege vollziehen. Erkauft ist sie mit einer Verkennung und Vergewaltigung jener Fremderfahrung, von der jede Bemächtigung ausgeht. Hinter der vielzitierten Formel eines *clash of civilizations* mag sich mancherlei verbergen, das einer genaueren Analyse nicht standhält. Nicht abzuweisen ist jedenfalls die Möglichkeit einer Wiederkehr des Fremden, eines Fremden, das gegen seine Aneignung rebelliert, und sei es mit den Mitteln einer Gegengewalt.

5. Verflechtung von Eigenem und Fremdem

Fremderfahrung bedeutet nicht, daß Eigenes und Fremdes, Eigenleib und Fremdleib, Muttersprache und Fremdsprache, Eigenkultur und Fremdkultur einander gegenübertreten wie Monaden, die in sich abgeschlossen sind. Eigenes, das gleichursprünglich mit dem Fremden auftritt und aus der Absonderung von Fremdem entsteht, gehört einem Zwischenbereich an, der sich mehr oder weniger und auf verschiedene Weise ausdifferenziert. Am Anfang steht nicht die Einheit einer eigenen Lebensform, auch keine Pluralität persönlicher und kultureller Lebensformen, in denen die Einheit sich lediglich vervielfältigt, sondern am Anfang steht die *Differenz*. Nicht nur das Attribut ›fremd‹, sondern auch das Attribut ›eigen‹ hat einen relationalen Charakter. Wer wäre ich und was wäre mir zu eigen, wenn sich meine Eigenheit nicht von anderem absetzen würde? Der vielberufene Solipsismus krankt daran, daß ein *solus ipse* kein Selbst wäre, weil es sich gegen nichts und gegen niemanden abgrenzen würde. Wer auf seiner Eigenheit pocht, reagiert stets auf eine Bedrohung und ruht keineswegs arglos in sich selbst. Die »Urscheidung« von Eigenem und Fremdem, die sich bei Husserl ebenfalls findet, allem »transzendentalen Solipsismus« zum Trotz, setzt als Prozeß der Differenzierung eine gewisse Indifferenz voraus. Sie setzt voraus, daß Eigenes und Fremdes bei aller Absonderung mehr oder weniger ineinander verflochten und verwickelt sind. Dieses Ineinander schließt eine völlige Deckung oder Verschmelzung von Eigenem und Fremdem ebenso aus wie eine vollständige Disparatheit. Insofern kann im interpersonalen wie im interkulturellen Bereich von einem absolut oder total Fremden nicht die Rede sein. Eine Sprache, die uns völlig fremd wäre, könnten wir nicht einmal als Fremdsprache vernehmen. So wie Sprachen verschiedene Formen der Verwandtschaft aufweisen, so auch die Kulturen. Auch hier gibt es Formen der Wahlverwandtschaft wie der Wahlfeindschaft. Am Anfang steht nicht nur die Differenz, sondern auch eine *Mischung*, die jedes familiäre, nationale, rassische oder kulturelle Reinheitsideal als bloßes Phantasma entlarvt. Abgesehen davon unterscheiden sich Epochen und Kulturen darin, wie sie mit dem Fremden umgehen, wie sie es einlassen oder abwehren, es vereinnahmen oder gewähren lassen, ob sie neugierig oder selbstgenügsam auf Fremdes reagieren. Es gibt verschiedene *Fremdheitsstile*, die sich nicht auf einen einheitlichen Nenner bringen lassen. Damit hängt zusammen, daß die Fremdheitsrelation, im Gegensatz zur Andersheit, eine untilgbare Asymmetrie aufweist, wie unsere Analysen der Antwortlogik und der Zwischenleiblichkeit gezeigt haben. Während wir die Formel »a ist nicht b« jederzeit umkehren können in »b ist nicht a«, gilt dies für Fremdheitsrelationen nicht in gleicher Weise. Fremdheitserfahrungen zeigen eine verschiedene Färbung oder Tönung, die sich der Sprache purer Identitäten und Nicht-Identitäten entzieht.

6. Fremdheit in und außer uns

Ist Eigenes mit Fremdem verflochten, so besagt dies zugleich, daß das Fremde in uns selbst beginnt und nicht außer uns, oder anders gesagt: es besagt, daß wir selbst niemals völlig bei uns sind. Ich bin leiblich in eine Welt hineingeboren, ohne daß ich dieses Faktum der Geburt je einholen und aneignen könnte (s. o., S. 31 f., 65). Ich spreche eine Sprache, die ich von Anderen übernommen habe und buchstäblich vom Hörensagen kenne. Ich trage einen Namen, den Andere mir gegeben haben und in dem weit zurückliegende Traditionen anklingen. Ich spiegele mich immer wieder im Blick der Anderen. Diese *intrapersonale* Fremdheit, die Rimbaud andeutet, wenn er verkündet: »*JE est un autre*«, nimmt Züge einer *intrakulturellen* Fremdheit an. Niemandem sind seine Gefühle und Antriebe, seine sprachlichen Ausdrucksformen und seine kulturellen Gewohnheiten ganz und gar zugänglich, niemand ist seiner Kultur ganz und gar zugehörig. Ein Mangel wäre dies nur, wenn wir von der vollendeten Selbsttransparenz eines Wesens ausgingen, das nur aus dem besteht, was es aus sich selbst gemacht hat. Die Rede vom Eigenleib, der Eigensprache oder der Eigenkultur ist stets nur *cum grano salis* zu nehmen. Das Wahrheitskörnchen liegt in der Unumgänglichkeit und Unentrinnbarkeit des Selbst, das als solches nicht zur Wahl steht. Doch werden diesem Selbst Eigenheiten und Eigenarten als inhärente Eigenschaften unterschoben, so geraten wir auf die Bahnen eines persönlichen und kulturellen Besitzstandsdenkens, das im übrigen in unserer neuzeitlichen westlichen Kultur stärker ausgeprägt ist als zu anderen Zeiten und in anderen Kulturräumen. Die Anonymität spielt im Mittelalter eine größere Rolle als in der Neuzeit, sie hat in der traditionellen afrikanischen Kultur ein größeres Gewicht als in der westlichen Kultur, deren Individuationstrend man mit einer gewissen parodistischen Übertreibung auf folgende Weise resümieren kann: Vom Heiligen oder vom Weisen über das Genie zum Star. Dem possessiven Individualismus, den C. B. Macpherson der europäischen Neuzeit nachsagt, entspricht ein possessiver Kulturalismus, der ebenso einseitig und fragwürdig ist wie jener und der ganz und gar nicht zum kulturübergreifenden Maßstab taugt.

Fremderfahrung besagt also nicht nur, daß uns Fremdes begegnet; Fremderfahrung gipfelt in einem Fremdwerden der Erfahrung selbst. »Der Mensch ist nicht Herr im eigenen Hause«; wäre er es, er könnte sich das Fremde und Unheimliche vom Leibe halten und sich ins Heimische flüchten. Doch das Unheimliche, von dem Freud spricht, nistet sich durchaus im Heim ein, es haust nicht außerhalb der eigenen vier Wände. So wie die interpersonale mit einer intrapersonalen Fremdheit anhebt, so beginnt die *interkulturelle* mit einer *intrakulturellen* Fremdheit. Man könnte dagegen folgenden Einwand erheben: Wenn es keinen Ort gibt, wo der Einzelne oder eine Gruppe bei sich zu Hause, *chez soi* ist, dann versinken wir in einem Meer von Fremdheit, und wo alles fremd ist, wäre am Ende nichts mehr fremd. So beherzigenswert dieser Einwand ist, er verkennt zweierlei. Die Unzugänglichkeit meiner selbst schließt durchaus eine Urnähe ein, ohne welche die Urferne der Fremdheit buchstäblich gegenstandslos wäre. Daß das eigene Selbst nur aus der Ferne zu fassen ist, besagt nicht, daß es dieses Selbst nicht gibt. Ferner sind interne und externe Fremdheit nicht als zwei parallele und getrennte Fremdheitsformen zu betrachten, sondern als ein Doppelrhythmus, der sich in eins verwirklicht. Ich bin mir fremd, indem ich von Fremdem heimgesucht werde, auf Fremdes eingehe und darauf antworte. Wer über Fremdes staunt und vor ihm erschrickt, ist seiner selbst nicht mächtig. Interpersonale oder interkulturelle Fremdheit sind von der intrapersonalen und intrakulturellen Fremdheit nicht zu trennen. Doch das ist noch nicht alles. Es ist hinzuzufügen, daß die Fremdheit, die uns im Anderen begegnet, um so tiefere Spuren bei uns hinterläßt, je mehr dieses Fremde an verkannte, verdrängte, geopferte Eigenheiten rührt. Wie Merleau-Ponty in seinem Essay »Von Mauss und Lévi-Strauss« schreibt, gibt es eine »wilde Region«, die innerhalb der eigenen Kultur auftritt, aber nicht in sie eingeschlossen ist. Eben damit öffnet sich ein Zugang zu fremden Kulturen, der – ganz im Sinne von

Wittgensteins Bemerkungen zum *Golden Bough* – über exotische Neugierde oder besserwisserische Kritik im Stile eines Frazer hinausgeht.[2]

7. Kollektiverfahrung und Kollektivrede

Bisher haben wir interpersonale und interkulturelle Erfahrung parallel behandelt. In der Tat ist ihnen der Zwischencharakter und der Fremdheitsimpuls gemeinsam. Doch damit ist es nicht getan. Was bedeutet die Feststellung, daß wir einer fremden Kultur begegnen oder daß Zivilisationen aufeinanderprallen? Aus den Sozialwissenschaften kennen wir die methodische Alternative von Individualismus und Holismus. Ersterer ersetzt Großformationen wie Volksgeist oder Klasse durch individuelle Handlungsträger, denen soziale und kulturelle Eigenschaften und Einstellungen zugeschrieben werden. Demzufolge gibt es nicht das deutsche oder das polnische Volk, sondern Menschen, die sich als Deutsche oder Polen verstehen und benehmen und deren Verhalten traditionell und institutionell verankert ist. Die soziale und kulturelle Zugehörigkeit beruht somit auf habituell erworbenen oder zugeschriebenen Eigenschaften. Doch die methodische Alternative von Individualismus und Holismus wird der Verflechtung von Eigenem und Fremdem in keiner Weise gerecht.

Aus der Perspektive der Beteiligten kann ein kultureller Austausch sich sprachlich nur so ausdrücken, daß ›wir‹ ›euch‹ gegenübertreten: Wir Deutsche – Ihr Polen, Wir Europäer – Ihr Afrikaner. Diese kollektive Konfrontation muß sich nicht auf der Ebene der Sprache abspielen; es genügen Blicke, Gesten oder Gerüche, um eine Fremdheitssphäre zu

2 Es gibt neuere Arbeiten von Iris Därmann, Rolf Elberfeld, Birgit Grieseke und Ichiro Yamaguchi, in denen solche phänomenologischen Perspektiven interkulturell fruchtbar gemacht werden.

erzeugen. Doch bleiben wir bei der ausdrücklichen Form von Wir-Rede und Ihr-Anrede. Das ›Wir‹, das in diesem kollektiven Wortwechsel zum Ausdruck kommt, bedeutet zunächst einmal ein exklusives Wir, das die Angeredeten nicht mit einbezieht; andernfalls wäre die Fremdheit von Anfang an in einer umgreifenden Gemeinsamkeit aufgehoben. Ferner ist das ›Wir‹ nicht als schlichter Plural aufzufassen, der ein ›Ich‹ oder ›Du‹ in die Mehrzahl setzt, wie wenn bestimmte Exemplare einer Gattung oder Elemente einer Menge zusammengefaßt werden. Das ›Wir‹ gehört dem Aussagevorgang an und kann niemals völlig dem Aussagegehalt zugerechnet werden. Schließlich gibt es kein Wir, das ›wir‹ sagt, sondern ich sage ›wir‹ oder ein anderer sagt ›wir‹, wobei jeweils ein Einzelner für andere mitspricht. Das Wir braucht einen *Fürsprecher*, der die Gruppe vertritt, auch wenn diese Vertretung reihum geht und nicht an eine repräsentative Person oder Personengruppe gebunden ist. Äußerungen, in denen Ausdrücke wie ›Wir Deutsche‹ oder ›Ihr Afrikaner‹ vorkommen, sind nach dem Ort zu befragen, von dem aus jemand derart für andere spricht. Kulturen begegnen einander nur über herausragende oder durchschnittliche Vertreter der jeweils anderen Kultur. Eine Gigantomachie von Kulturen, Religionen oder Nationen gehört in den Bereich der kollektiven Mythen. Jede Rede, die eine Fremderfahrung zum Ausdruck bringt und sich nicht hinter einem Pseudokollektiv verschanzt, findet an einem Ort statt, der jener Kultur, für die sie einsteht, niemals völlig einzugemeinden ist. Darin gleicht der Ort der Rede dem Ort, an dem ein Kartenplan benutzt wird; dieser Ort der Benutzung läßt sich nie in das Kartennetz einzeichnen als ein bloßer Ort unter anderen. Der rote Punkt auf der Karte, der den Ort des Benutzers anzeigt, deutet hin auf einen blinden Fleck im eigenen Gesichts- und Handlungsfeld. Auf ähnliche Weise bleibt auch das kulturelle ›Wir‹ indexikalisch auf einen Ort bezogen, an dem es immer wieder neu ausgesprochen wird. Die Wir-Rede gehört zu den performativen Akten, die nicht bloß feststellen, was ist, sondern etwas bewirken. Zu den Wirkungen gehört in diesem Falle die soziale Zusammengehörigkeit selbst. In solchen Wir- und Ihr-Reden wird das Spiel von Eigen- und Fremdkultur aufgeführt, bis hin zur Verteilung von Haupt- und Nebenrollen, bis hin zu zwanghaften Ein- und Ausschlüssen.

Die Rückbindung der Wir-Rede an jemanden, der ›wir‹ sagt, schließt aus, daß die gelebte und praktizierte Gemeinsamkeit einer Gruppe oder einer Kultur sich zu kollektiven Entitäten verfestigt. Dem Denken in Totalitäten ist damit ein Riegel vorgeschoben. Doch umgekehrt besagt dies nicht, daß wir zwangsläufig bei jener bloßen »Gesellschaft der Individuen« enden, deren Fragwürdigkeit uns Norbert Elias eindringlich vor Augen führt. Die Frage »Wer spricht und von wo aus?« läßt durchaus zu, daß der Einzelne nur mehr oder weniger mit eigener Stimme und niemals mit einer völlig eigenen Stimme spricht. Die Verschränkung von Eigenem und Fremdem im intra- wie im interkulturellen Bereich läßt dies nicht nur zu, sondern sie erfordert es geradezu. Mit Michail Bachtin sollten wir von einer Vielstimmigkeit ausgehen, die jeder einzelnen Stimme innewohnt. Fremdes begegnet uns nicht erst dann, wenn wir über das Fremde sprechen, sondern schon dann, wenn es in den eigenen Äußerungen implizit auftritt, wie Zitate, die sich niemals völlig explizieren lassen. Die Kultur, die in der Rede laut wird, sich aber darüber hinaus im leiblichen Habitus verkörpert und in Sinngebilden sedimentiert, hat ihren Ort in einer leiblichen und zwischenleiblichen Erfahrung, die reicher ist als alle möglichen Explikationen. Der Leib, der uns in einer Welt wohnen läßt, dient nicht nur als »Umschlagstelle« zwischen Natur und Geist bzw. zwischen Natur und Kultur, er fungiert auch als Umschlagstelle zwischen Eigenem und Fremdem, zwischen eigener und fremder Kultur. Eben deshalb finden wir Fremdes im Eigenen und Eigenes im Fremden, bevor die Komparatistik ihre Vergleiche anstellt.

Dieses Ineinandergreifen von Eigenem und Fremdem geht allerdings nicht ohne Konflikte vor sich. Dies zeigt sich auf elementare Weise darin, daß das Fremdwerden verschiedene Richtungen einschlagen kann. Sind die anderen, die Mitglieder eines fremden Milieus, einer fremden Gruppe, einer fremden Kultur *uns fremd* oder sind *wir ihnen fremd*? Dies hängt davon ab, ob die eigene Gruppe als Bezugsinstanz fungiert oder die fremde Gruppe. Dieser Gesichtspunkt ist alles andere als nebensächlich, wenn wir bedenken, wie sehr der interkulturelle Austausch seit eh und je durch Migrationswellen bestimmt ist, durch Eroberungen, durch Auswanderungen, durch Vertreibungen, also durch Verwandlungen von Heimwelten in Fremdwelten, von Fremdwelten in Heimwelten. Der Satz »Wir sind alle Fremde«, den Julia Kristeva ausspricht (1990, S. 209), ist genauso richtig und nichtssagend wie der Satz »Alle Sprachen sind Fremdsprachen«. Abgesehen davon, daß diese Verallgemeinerung okkasioneller Fremdheiten die Fremdheit nicht aufhebt, verschleiert sie den Sachverhalt, daß eine Sprache durchaus fremder sein kann als die andere. Fremdheit ist keine allgemeine Funktion, die allen zukommt und reihum geht, sondern sie geht zurück auf eine Erfahrung, die – wie Kristeva selbst zur Genüge zeigt – immer auch durch Unsicherheit, Bedrohtheit, Unverständnis geprägt ist, und ebendiese Faktoren sind ungleichmäßig verteilt, je nachdem, wer die sozialen und sprachlichen Spielregeln bestimmt, wer ›das Sagen hat‹. Damit nähern wir uns der Frage nach den Vermittlungsinstanzen, die regulierend in die Fremderfahrung eingreifen.

8. Der/die Fremde und der Dritte

Daß Eigenes und Fremdes sich verflechten, besagt nicht, daß beides sich in eine Gesamtordnung einfügt oder einer Grundordnung untersteht. Der fremde Anspruch, der uns in der Fremderfahrung trifft, kommt von anderswoher; er hat etwas Exterritoriales, das uns selbst ebenfalls deterritorialisiert. Die Zwischensphäre, von der wir ausgingen, bildet keinen gemeinsamen Boden, auf dem die Fremderfahrung aufbauen könnte, noch bildet sie ein Hoheitsgebiet, das vorweg einem gemeinsamen Gesetz unterworfen wäre. Fremdheit als Unzugänglichkeit und Nichtzugehörigkeit sprengt alle Vermittlungs- und Aneignungsversuche. Im Fremden bin ich außer mir und außerhalb der jeweils bestehenden Ordnungen. Das Ineinander der Fremderfahrung läßt sich in keine umfassende Synthese und keinen endgültigen Vertrag überführen. Ein solcher Ausbruch und Einbruch des Fremden setzt allerdings jene Ordnungen voraus, die er durchbricht. Unzugänglichkeit und Nichtzugehörigkeit beziehen sich auf bestimmte Zugangs- und Zugehörigkeitsbedingungen, so wie jede Anomalie sich von bestehenden Normalitäten abhebt. Fremdheit erweist sich als *Überschuß*, der die jeweiligen Sinnvorgaben und Gesetzlichkeiten *übersteigt* und von ihnen *abweicht*, sie taucht überhaupt nur in Form eines solchen Überstiegs und einer solchen Abweichung auf. Jede Fremderfahrung ist und bleibt in diesem Sinne eine Kontrasterfahrung, die das Fremde immer nur indirekt ins Spiel bringt und deshalb eine ebenso indirekte Rede- und Handlungsweise erfordert. Bevor das Fremde als Thema auftritt, macht es sich bemerkbar als Beunruhigung, Störung und Verstörung, die in der Verwunderung oder der Beängstigung verschiedene affektive Tönungen annimmt. Zu erinnern ist an die Geburt der Philosophie aus dem Staunen, so bei Platon, aus der Angst, so bei Epikur, und zu erinnern ist ferner an das *fascinosum* und *tremendum* religiöser Initialerfahrungen. Fremdheit läßt sich auf vielerlei Weise umschreiben, nicht zuletzt als ein Anfang, dessen wir nicht Herr sind. Jeder Bemächtigungsversuch führt zu einer gewaltsamen Rationalisierung, die sich vergeblich bemüht, dem Selbst und der Vernunft ihre Kontingenz und ihre Genese auszutreiben.

Fremdheit löscht all das, was in unserer neuzeitlichen Tradition ›Subjekt‹ und ›Rationalität‹ heißt, nicht aus, aber sie führt zu der Einsicht, daß niemand je völlig bei sich selbst und in seiner Welt zu Hause ist. Dies gilt für persönliche Erfahrungen ebenso wie für kulturelle Erfahrungen, in denen unser persönliches Leben seinen kollektiven Ausdruck findet.

Wenn wir nun also der Figur des Fremden die des Dritten gegenüberstellen, so denken wir nicht an ein zufällig hinzukommendes Individuum, das die Anzahl der Gruppenmitglieder erhöht, sondern wir denken an eine bestimmte Rolle, die immerzu in Anspruch genommen wird, wenn wir miteinander oder gegeneinander etwas tun. Wir können kein Wort aussprechen, keine Handlungsgeste vollziehen, ohne daß ein Drittes ins Spiel kommt, das sich weder auf das Verhalten des Adressaten noch auf das des Adressanten zurückführen läßt. Der Dritte, ob als persönliche oder als anonyme Instanz, steht für Regeln, Ordnungen, Gesetze, die es erlauben, etwas *als etwas*, jemanden *als jemanden* anzusprechen und zu behandeln. Dieser Dritte, dessen Spuren wir bei Simmel, Sartre und Levinas, aber auch bei Freud und Lacan finden (s. Bedorf 2003), kann verschiedene Funktionen übernehmen. Je nach Grad der Beteiligung ist zu unterscheiden zwischen einem in vollem Sinne *beteiligten Dritten*, der verstärkend oder zurückhaltend, etwa durch Beifalls- oder Mißfallensäußerungen in ein Geschehen eingreift, dem *bezeugenden Dritten*, der für bestimmte Ereignisse einsteht, sie bekanntmacht oder in Erinnerung behält, und dem *neutral beobachtenden Dritten*, der soziale Vorgänge registriert, ohne einzugreifen oder Stellung zu beziehen. Bekanntlich sind die Methodendebatten der Ethnologie intensiv mit solchen Dingen beschäftigt, seit sie mit der »teilnehmenden Beobachtung« eine Mischform des Dritten eingeführt haben. Auch im Kriegsgeschehen wird zwischen Kombattanten und Kriegsberichterstattern unterschieden, selbst wenn infolge neuer technologischer Entwicklungen diese Grenzen sich vielfach verwischen. Schließlich kann der Dritte verschiedene Ordnungsfunktionen übernehmen, als *Lenker,* der Handlungen koordiniert, als *Verteiler,* der Rechte oder Chancen vergibt, als *Schlichter,* der einen Konflikt beendet, oder als *Dolmetscher,* der zwischen verschiedenen Ausdrucksformen vermittelt. Kein interkultureller Austausch ist denkbar ohne solche Vermittlungsleistungen. Dabei ist es durchaus nicht ohne Belang, aus welcher Kultur die jeweiligen Vermittler stammen und in welcher Sprache man sich verständigt. Frei nach Marx kann man sagen, daß die herrschende Sprache zumeist die der Herrschenden ist, selbst wenn sie sich auf eine ökonomische oder kulturelle Dominanz beschränkt. Ein Bikulturalismus, der auf keine Vermittlung angewiesen wäre, stellt ebenso wie der Bilinguismus einen Grenzfall dar, der sich nie in reiner Form verwirklicht. Dolmetscher sind keine Zwitterwesen.

Die Kontamination des Fremden mit dem Dritten, die sich hier andeutet, verweist auf unser eigentliches Problem, nämlich auf die Frage, wie die Figuren des Fremden und des Dritten aufeinander bezogen sind. Eine Konfiguration, die aus beiden Figuren eine einheitliche Figur machen würde, ist nach allem, was wir festgestellt haben, ausgeschlossen. Statt dessen haben wir es mit einer *Mehrdimensionalität* der Erfahrung zu tun. Der Schnittpunkt zwischen der Dimension des Fremden und der des Dritten liegt dort, wo Fremdes und Fremde *als* etwas und *als* jemand gefaßt werden. In solchen, notwendigerweise verallgemeinernden Auffassungsweisen wird Nichtgleiches gleichgesetzt, wie Nietzsche in seinen Ausführungen zu *Wahrheit und Unwahrheit im außermoralischen Sinne* notiert. Es geht wohlgemerkt nicht darum, dieses Gleichsetzen zu verdammen, wie Verteidiger einer einheitlichen Gesamt- oder Grundordnung ihren Gegnern so gern unterstellen. Das Gleichsetzen gehört zu jeder Ordnungsleistung, die etwas in eine Ordnung bringt, was nicht schon vorweg dieser Ordnung angehört. In diesem Sinne haftet jeder Gerechtigkeit, die seit eh und je darin besteht, Gleiches gleich, Ungleiches ungleich zu behandeln, ein Moment der Ungerechtigkeit an. Dies gehört zu den konstitutiven Merkmalen einer jeden kontingenten Ordnung, die selektiv und exklusiv verfährt. Es kann nicht darauf ankommen, dieses Gleichmachen zu vermeiden, wohl aber darauf, die Genese von Ordnungen und damit auch ihre innere Kontingenz sichtbar zu machen. Auch für den kulturellen und interkulturellen Bereich gilt: *Es gibt Ordnungen, aber es gibt nicht die eine Ordnung.*

Eine Vermengung der von uns unterschiedenen Dimensionen hat äußerst fragwürdige Folgen, und der Eurozentrismus, der die europäische Tradition wie ein Schatten begleitet, gehört zu diesen Folgen. Fremdes, das sich der jeweiligen Ordnung entzieht, hat als solches nichts zu tun mit dem Besonderen und Partikularen, das zum Betätigungs- und Anwendungsbereich allgemeiner Gesetze und Normen gehört. Wird der extra-ordinäre Status des Fremden dem intra-ordinären Status des Besonderen angeglichen, so verwandelt sich der unumgängliche und berechtigte Gesichtspunkt *des Allgemeinen* in einen *allgemeinen* Gesichtspunkt, dem alles unterworfen wird. Wir geraten auf die Bahnen einer Universalisierung, die ihre Fragwürdigkeit auch dann nicht verliert, wenn sie sich auf große Parolen wie Weltvernunft, Weltkultur, Weltbürgertum, Weltethos oder Menschheit beruft. Die Alternative zu diesem vermessenen Universalismus liegt nicht in einem Ethnozentrismus, der auf die Grenzen der eigenen Lebensform zurückfällt, die Alternative besteht in einer Überschreitung, einer Infragestellung und Beunruhigung des Eigenen durch das Fremde, dessen singuläre Ansprüche sich nicht in eine umfassende oder grundlegende Ordnung überführen lassen. Fremd ist genau das, was sich nicht »einbeziehen« läßt. Eine rein »inklusive Gemeinschaft«, wie sie Jürgen Habermas vorschwebt, wäre eine Gemeinschaft die ihre eigenen Grenzen verleugnet, oder sie wäre ein bloßes Gemeinschaftskonstrukt.[3] In jedem Falle würde man der interkulturellen Erfahrung, die ohne Fremdheit nicht zu denken ist, aus dem Wege gehen.

9. Xenologie und Xenopolitik

Interkulturalität, die über exotische Bildungserlebnisse und Abenteuer hinausgeht, läßt sich nicht denken ohne bestimmte Formen der Fremdheitswissenschaft und der Fremdheitspolitik. Definiert man die Ethnologie (oder Kulturanthropologie) mit Karl-Heinz Kohl als »Wissenschaft vom kulturell Fremden«, so stellt sich die Frage, wie eine solche Xenologie aussehen könnte.[4] Wäre das Fremde nur ein Gegenstand unter möglichen anderen, der durch bestimmte Methoden der Erklärung und des Verstehens zu entschlüsseln ist, so geriete diese Wissenschaft in eine schiefe Lage. Den fortschreitenden Forschungserfolg würde sie mit einer zunehmenden Selbstaufhebung erkaufen; denn ein verstandenes und erklärtes Fremdes würde seinen Fremdheitscharakter einbüßen. Für eine Wissenschaft vom Fremden bliebe am Ende nichts mehr zu tun. Dieses Paradox einer Wissenschaft vom Fremden verwandelt sich nur dann

3 Bei Kant bestimmt sich die Gesellschaft, die das ganze Menschengeschlecht in sich schließen würde, als eine »ethisch-bürgerliche Gesellschaft«, die mitten in der »rechtsbürgerlichen Gesellschaft« auftritt, aber als »Reich Gottes auf Erden« ein religiöses Erbe antritt (*Religion innerhalb der Grenzen der bloßen Vernunft*, Zweites Stück, B 129 f.).

4 Verwiesen sei auf *Topographie des Fremden* (1997), Kapitel 4: »Phänomenologie als Xenologie« (italienisch 1992) sowie auf den Artikel »Xenologie; Wissenschaft vom Fremden« im *Historischen Wörterbuch der Philosophie*, Bd. 12. Vgl. ferner die neuere Monographie von Iris Därmann: *Fremde Monde der Vernunft* (2005), in der die Provokation der Philosophie durch die Ethnologie auf breiter Front durchgespielt wird.

in ein fruchtbares Paradox, wenn der Logos im Fremden selber seine Grenzen erkennen läßt. Dies würde uns zu einer Form des ἄλογον führen, das nicht als bloßes Irrationales der Vernunft entgegengesetzt wäre (was stets auf eine indirekte Bestätigung hinausläuft), sondern das sich als Moment der ›Wildheit‹ in den Logos einer Kultur einzeichnet. In der Fremdheit der fremden Kultur hätte die ethnologische Erfahrung, von der die ethnologische Forschung ausgeht, ihren eigentümlichen blinden Fleck. Hinzu kommt der Umstand, daß die Ethnologie inzwischen eine Ethnisierung der Nachbarwissenschaften bewirkt hat, die sich mit der Mathematisierung nicht-mathematischer Wissenschaften vergleichen läßt. Wenn es eine Fremdheit gibt, die dem Logos selbst innewohnt, so kann sie nicht auf eine spezielle Wissenschaft vom Fremden beschränkt bleiben.

Für die Ethnopolitik lassen sich ähnliche Überlegungen anstellen, die über alltägliche Praktiken und institutionelle Maßnahmen einer Fremdenpolitik hinausgehen. Eine Politik, die dem Fremden Raum läßt, würde sich dadurch auszeichnen, daß dem Politischen ein Moment des Apolitischen innewohnt (s. o., S. 18). Dieses Apolitische ist nicht mit dem Unpolitischen zu verwechseln, das jenseits der Sphäre der Politik angesiedelt wäre, sondern es versteht sich als etwas, das sich im Bereich des Politischen dem ordnenden Zugriff entzieht. Eine solche Leerstelle innerhalb der Polis, die jeder Totalisierung widersteht und jede Inklusion aufsprengt, hätte einen eminent politischen Effekt. Die politische Weltordnung, wie immer sie aussehen wird, bliebe porös.

10. Verfremdungsverfahren

Wir stehen immer wieder vor der Frage, wie wir mit dem Fremden umgehen können, ohne ihm den Stachel des Fremden zu rauben, und es stellt sich die weitere Frage, wie ein interkultureller Austausch aussehen könnte, der nicht auf eine einseitige oder allgemeine Aneignung hinausliefe. Es lassen sich verschiedene Verfremdungsmotive und Verfremdungsverfahren anführen, die den Aneignungstrend durchbrechen, von einigen war schon früher die Rede. Es gibt die eigentümliche *Atopie* des Sokrates, die mit seiner philosophischen Existenz im Bunde steht, das *dépaysement* und *détachement*, das Lévi-Strauss der Initialerfahrung des Ethnologen zurechnet und bis auf Rousseau zurückverfolgt, die produktive *Verfremdung*, die von den russischen Formalisten[5] bis zu Brecht und den Surrealisten reicht. Als Phänomenologe propagiere ich eine spezifische Art der *Epoché*, die ein Aussetzen selbstverständlicher Annahmen, ein Abweichen vom Vertrauten, ein Zurücktreten vor dem Fremden in Gang setzt. Doch damit allein ist es nicht getan. Wäre Fremderfahrung etwas, das wir gezielt und methodisch herbeiführen könnten, so wäre das Fremde doch wieder ein Resultat, das unseren eigenen Maßnahmen entstammt und unseren eigenen Maßstäben unterliegt. Fremdes, das uns außer uns selbst geraten und die Grenzen der jeweiligen Ordnung überschreiten läßt, kann nichts sein, was wir selbsttätig herbeiführen. Es ist nur zu denken als ein *Pathos*, das uns widerfährt. Die Ambivalenz, die in diesem Wort liegt und die das Leiden einschließt, bewahrt uns vor einer harmlosen Deutung des Fremden. Ein solches Widerfahrnis, das sich keineswegs auf die interkulturelle Erfahrung beschränkt, aber dort eine besondere Virulenz entfaltet, können wir nur bezeugen, indem wir anderswo beginnen, dort, wo wir nicht waren und nie sein werden. Ein Reden, das aus der Fremde kommt, bezeichne ich als Antwort. Antworten auf das Fremde besagt mehr als ein sinnhaftes Verstehen, mehr

5 Mit Anleihen bei Aristoteles, der in seiner *Rhetorik* (III, 2-3) das Fremde oder Fremdartige als ein Abweichen (ἐξαλλάττειν, wörtlich: ein ›Andersmachen‹) vom herrschenden Sprachgebrauch bestimmt.

als eine normengeleitete Verständigung, so wichtig dies alles sein mag. Interkulturelle Erfahrung verdünnt sich zu einem wässrigen Interkulturalismus, wenn sie nicht – mit Celan zu reden – immer wieder »durch eine Pause geht«.

Literaturverzeichnis

Bachtin, M. M., *Die Ästhetik des Wortes*, herausgegeben von R. Grübel, übersetzt von R. Grübel und S. Reese, Frankfurt am Main 1979.

Bedorf, Th., *Dimensionen des Dritten. Sozialphilosophische Modelle zwischen Ethischem und Politischem*, München 2003.

Borsò, V., *Mexiko jenseits der Einsamkeit – Versuch einer interkulturellen Analyse*, Frankfurt am Main 1994.

Bühler, K., *Sprachtheorie*, Stuttgart/New York 1982.

Calvino, I., *Herr Palomar*, übersetzt von B. Kroeber, München 1988.

–, *Lezioni Americane*, Mailand 1988.

Crary, J., *Aufmerksamkeit. Wahrnehmung und moderne Kultur*, übersetzt von H. Jatho, Frankfurt am Main: Suhrkamp, 2002.

Därmann, I., *Fremde Monde der Vernunft. Die ethnologische Provokation der Philosophie*, München 2005.

Elias, N., *Die Gesellschaft der Individuen*, Frankfurt am Main 1987.

Dabag, M., und A. Kapust, B. Waldenfels (Hg.), *Gewalt. Strukturen, Formen, Repräsentationen*, München 2000.

Habermas, J., *Einbeziehung des Anderen*, Frankfurt am Main 1996.

Husserl, E., *Husserliana* (= Hua), Den Haag/Dordrecht 1950 ff.

Kafka, F., »Forschungen eines Hundes«, in: *Beschreibung eines Kampfes. Novellen, Skizzen, Aphorismen aus dem Nachlaß*. Gesammelte Werke in 7 Bänden, Frankfurt am Main 1983.

Kohl, K.-H., *Ethnologie – die Wissenschaft vom kulturell Fremden*, München 1993.

Kristeva, J., *Fremde sind wir uns selbst*, übersetzt von X. Rajewsky, Frankfurt am Main 1990.

Laplanche, J., *Die unvollendete kopernikanische Wende in der Psychoanalyse*, übersetzt von Udo Hock, Frankfurt am Main 1996.

Leroi-Gourhan, A., *Hand und Wort*, übersetzt von M. Bischoff, Frankfurt am Main ²1984.

Melville, H., *Bartleby*, übersetzt von W. E. Süskind, Frankfurt am Main 1988.

Merleau-Ponty, M., *Phénoménologie de la perception*, Paris 1945.
– Deutsch: *Phänomenologie der Wahrnehmung*, übersetzt von R. Boehm, Berlin 1966.

–, »De Mauss à Lévi-Strauss«, in: *Signes*, Paris 1960. – Deutsch in: A. Métraux und B. Waldenfels (Hg.), *Leibhaftige Vernunft. Spuren von Merleau-Pontys Denken*, München 1986.

–, *La prose du monde*, Paris 1969. – Deutsch: *Die Prosa der Welt*, übersetzt von R. Giuliani, München 1984.

Musil, R., *Der Mann ohne Eigenschaften*, Reinbek 1978.

Nietzsche, F., *Kritische Studienausgabe* (KSA), herausgegeben von G. Colli und M. Montinari, München 1988.

Rohde-Dachser, Ch., und F. Wellendorf (Hg.), *Inszenierungen des Unmöglichen. Theorie und Therapie schwerer Persönlichkeitsstörungen*, Stuttgart 2004.

Sterne, L., *The Life and Opinions of Tristram Shandy, Gentleman*, New York/Toronto 1950.

Valéry, P., *Cahiers*, 2 Bde., Paris 1973/74. – Deutsch: *Cahiers/ Hefte*, Frankfurt am Main 1987-93.

Waldenfels, B., *Der Spielraum des Verhaltens*, Frankfurt am Main 1980.

–, *In den Netzen der Lebenswelt*, Frankfurt am Main 1985, [3]2005.

–, *Ordnung im Zwielicht*, Frankfurt am Main 1987.

–, *Der Stachel des Fremden*, Frankfurt am Main 1990, [3]1998.

–, *Antwortregister*, Frankfurt am Main 1994.

–, *Deutsch-Französische Gedankengänge*, Frankfurt am Main 1995.

–, *Topographie des Fremden. Studien zur Phänomenologie des Fremden*, Bd. 1, Frankfurt am Main 1997.

–, *Grenzen der Normalisierung. Studien zur Phänomenologie des Fremden*, Bd. 2, Frankfurt am Main 1998.

–, *Sinnesschwellen. Studien zur Phänomenologie des Fremden*, Bd. 3, Frankfurt am Main 1999.

–, *Vielstimmigkeit der Rede. Studien zur Phänomenologie des Fremden*, Bd. 4, Frankfurt am Main 1999.

–, *Das leibliche Selbst*, herausgegeben von R. Giuliani, Frankfurt am Main 2000.

–, *Verfremdung der Moderne*, Göttingen 2001.

–, *Bruchlinien der Erfahrung. Phänomenologie, Psychoanalyse, Phänomenotechnik*, Frankfurt am Main 2002.

–, *Phänomenologie der Aufmerksamkeit*, Frankfurt am Main 2004.

Wittgenstein, L., »Bemerkungen über Frazer's ›Golden Bough‹«, in: *Vortrag über Ethik und andere kleine Schriften*, herausgegeben von J. Schulte, Frankfurt am Main 1989.

Zahavi, D., *Self-Awareness and Alterity*, Evanston, Ill., 1999.

Suhrkamp Verlag GmbH
Torstraße 44, 10119 Berlin
info@suhrkamp.de
www.suhrkamp.de